Die überzeugende Bewerbung

Dunja Reulein · Elke Pohl

Die überzeugende Bewerbung

Wie Sie sich erfolgreich
selbst vermarkten

Dunja Reulein
München, Deutschland

Elke Pohl
Berlin, Deutschland

ISBN 978-3-658-03743-7   ISBN 978-3-658-03744-4 (eBook)
DOI 10.1007/978-3-658-03744-4

Die Deutsche Nationalbibliothek verzeichnet diese Publikation in der Deutschen Nationalbibliografie; detaillierte bibliografische Daten sind im Internet über http://dnb.d-nb.de abrufbar.

Springer Gabler
© Springer Fachmedien Wiesbaden 2014
Das Werk einschließlich aller seiner Teile ist urheberrechtlich geschützt. Jede Verwertung, die nicht ausdrücklich vom Urheberrechtsgesetz zugelassen ist, bedarf der vorherigen Zustimmung des Verlags. Das gilt insbesondere für Vervielfältigungen, Bearbeitungen, Übersetzungen, Mikroverfilmungen und die Einspeicherung und Verarbeitung in elektronischen Systemen.

Die Wiedergabe von Gebrauchsnamen, Handelsnamen, Warenbezeichnungen usw. in diesem Werk berechtigt auch ohne besondere Kennzeichnung nicht zu der Annahme, dass solche Namen im Sinne der Warenzeichen- und Markenschutz-Gesetzgebung als frei zu betrachten wären und daher von jedermann benutzt werden dürften.

Lektorat: Irene Buttkus, Imke Sander

Gedruckt auf säurefreiem und chlorfrei gebleichtem Papier

Springer Gabler ist eine Marke von Springer DE. Springer DE ist Teil der Fachverlagsgruppe Springer Science+Business Media
www.springer-gabler.de

Liebe Leserinnen und Leser,

Sie haben Ihr Studium erfolgreich beendet – Gratulation. Doch auch den ersten Job nach dem Studium zu finden ist oft nicht leicht. Die eigenen Wünsche und Ziele, Kompetenzen und Qualifikationen müssen zu den Anforderungen des aktuellen Arbeitsmarkts passen. Bei welchen Unternehmen und auf welche Stellen können Sie sich bewerben? Was macht Sinn und was ist unnötiger Aufwand? Die Stärken-Schwächen-Profile und ausführlichen Kompetenz-Checklisten in diesem Buch werden Ihnen auf dem Weg zum Traumjob hilfreich sein. Aber nicht nur die Antworten auf die Fragen nach dem „Wo" und „Was", auch das „Wie" entscheidet. Bewerbungsanschreiben, Lebensläufe und die alternativen Bewerbungen über das Internet sollten Sie konzentriert und mit Sinn und Verstand angehen. Hierbei gibt es einige Regeln zu beachten, die in diesem Buch ausführlich und übersichtlich dargelegt werden.

Ist die erste Hürde überwunden und ein potenzieller Arbeitgeber hat Sie zum Vorstellungsgespräch eingeladen, kommt es nun darauf an, sich in dieser Live-Prüfungssituation so gut wie möglich selbst zu vermarkten. Bereiten Sie sich mithilfe der Tipps in diesem Ratgeber gut vor und befolgen Sie auch hier gewisse Spielregeln – Körpersprache, Stimmlage oder Sprechgeschwindigkeit etwa haben mehr Einfluss auf den Ausgang des Gesprächs, als Sie vermuten würden. Aber wie so oft gilt hier ebenso: Übung macht den Meister.

Vielleicht sagen Sie sich aber auch: Ich möchte gern mein eigener Herr sein und habe zudem eine zündende Idee, mit der ich mich selbstständig machen will. Sollten Sie eine lukrative Marktlücke entdeckt haben, kann sich der Weg in die Selbstständigkeit lohnen. Unentbehrliche Tipps und Anregungen zum Thema Existenzgründung, die Sie direkt in die Praxis umsetzen können, finden Sie ebenfalls in diesem Buch.

Viel Erfolg für Ihre berufliche Zukunft wünscht Ihnen

Dunja Reulein

Lizenz zum Wissen.

Sichern Sie sich umfassendes Wirtschaftswissen mit Sofortzugriff auf tausende Fachbücher und Fachzeitschriften aus den Bereichen: Management, Finance & Controlling, Business IT, Marketing, Public Relations, Vertrieb und Banking.

Exklusiv für Leser von Springer-Fachbüchern: Testen Sie Springer für Professionals 30 Tage unverbindlich. Nutzen Sie dazu im Bestellverlauf Ihren persönlichen Aktionscode C0005407 auf *www.springerprofessional.de/buchkunden/*

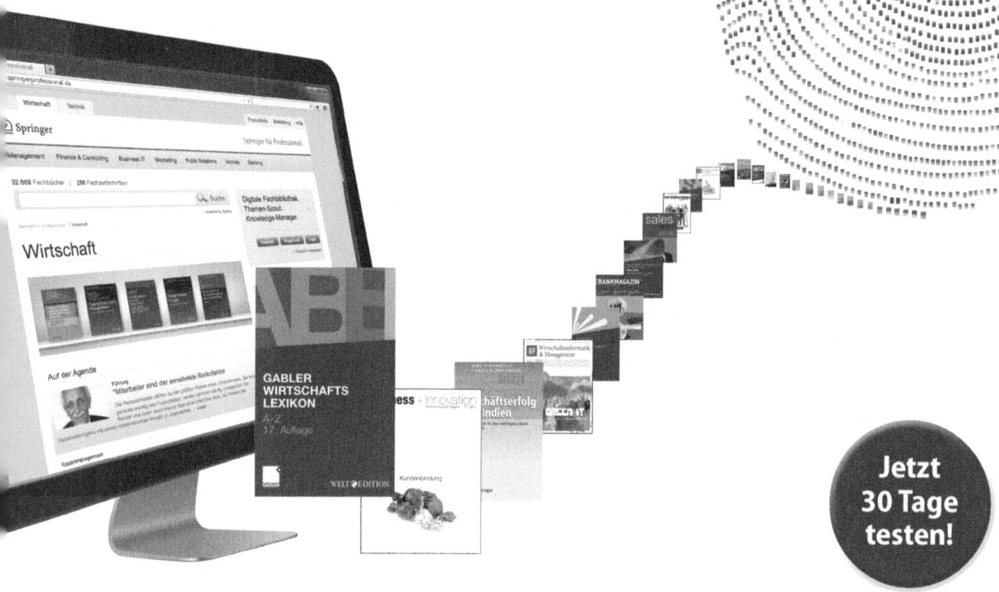

Jetzt 30 Tage testen!

Springer für Professionals.
Digitale Fachbibliothek. Themen-Scout. Knowledge-Manager.

- Zugriff auf tausende von Fachbüchern und Fachzeitschriften
- Selektion, Komprimierung und Verknüpfung relevanter Themen durch Fachredaktionen
- Tools zur persönlichen Wissensorganisation und Vernetzung

www.entschieden-intelligenter.de

Springer für Professionals

Inhalt

Vorwort — V

1	**Die Bewerbung**	1
1.1	Bewerbungsphilosophie	1
1.1.1	Grundlagen des Selbstmarketings	2
1.1.2	Potenzialanalyse	4
1.1.3	Erwartungsprofil	10
1.1.4	Anforderungen des Marktes	14
1.2	Formen der Bewerbung	20
1.2.1	Schriftliche Bewerbung	25
1.2.2	Internet-Bewerbung	42
1.3	Vorstellungsgespräche	50
1.3.1	Vorbereitung	50
1.3.2	Ablauf	55
2	**Existenzgründung**	71
2.1	Gründungstrends	71
2.2	Erste Schritte zur Orientierung	72
2.2.1	Formen der Unternehmensgründung	73
2.2.2	Bin ich ein Unternehmer-Typ?	73
2.2.3	Gewerbe, Handwerk oder Freier Beruf?	74
2.3	Die Planung der Selbstständigkeit	75
2.3.1	Der Business-Plan	75
2.3.2	Die Finanzierung des Vorhabens	75
2.3.3	Das Bankgespräch	77
2.3.4	Versicherungen für Existenzgründer	78
2.3.5	Lassen Sie sich beraten!	79
2.4	Der Start in die Selbstständigkeit	79
2.5	Existenzgründung aus der Arbeitslosigkeit heraus	80
2.6	Checklisten und Entscheidungshilfen	81

Über die Autoren — 84

Springer Gabler

springer-gabler.de

BÜCHER-STAPELN FÜR SIEGERTYPEN: JETZT DEN HIGHSCORE KNACKEN UND JEDEN MONAT TOLLE PREISE GEWINNEN.

Score: 500
Tiefstapler

Hoch- oder Tiefstapler?

Entdecken Sie Ihr Stapelpotential bei unserem neuen Facebook-Spiel

- In unserer Springer Gabler Bibliothek können Sie einmal nach Herzenslust hochstapeln. Bücher natürlich – was dachten Sie?

- Einziges Ziel: Möglichst viele Bücher auf den Chaos-Stapel schichten. Und natürlich wird das bei Springer Gabler entsprechend honoriert: Damit Sie den Sieg im Bücher-stapeln stilvoll feiern können, verlosen wir attraktive Preise.

Einfach Losstapeln unter: facebook.com/SpringerGabler

1

DIE BEWERBUNG

1.1 Bewerbungsphilosophie

Obwohl die Wirtschaftsaussichten durch die Euro-Krise unsicherer geworden sind, stellt sich die Arbeitsmarktsituation für Hochschulabsolventen in Deutschland weiterhin gut dar. Die Akademisierung der Arbeitswelt lässt den Bedarf kontinuierlich steigen, und auch der demografische Wandel (Stichwort Fachkräftemangel) bringt zahlreiche offene Stellen für Nachwuchsakademiker mit sich. So sieht etwa die Studie Staufenbiel JobTrends Deutschland 2013 die Lage für Absolventen vieler Fachrichtungen rosig, die befragten Unternehmen sind unabhängig von der gesuchten Fachrichtung bei der Einschätzung des Absolventenbedarfs optimistisch. Besonders begehrt sind die Absolventen der sogenannten Mint-Fächer (Mathematiker, Informatiker, Naturwissenschaftler und Techniker) und der Wirtschaftswissenschaften, hier wird der Bedarf nach ihrer Einschätzung in Zukunft steigen oder sogar stark steigen. Dafür sorgt zum einen die boomende Industrie, zum anderen aber auch die demografische Entwicklung. Die Sorge vor dem Fachkräftemangel geht um und viele Unternehmen beziehen diese zukünftige Entwicklung schon jetzt in ihre Personalplanung mit ein. Ob Wirtschaftswissenschaftler, Ingenieure, Techniker, Naturwissenschaftler oder IT-Spezialisten – sie alle bleiben gefragt. Auch das durchschnittliche Einstiegsgehalt von fast 40.000 € jährlich bei Akademikern belegt: Die Einstiegschancen von akademischen Nachwuchskräften sind gut.

Doch obwohl ein Hochschulabschluss noch immer die beste Voraussetzung für einen erfolgreichen Start ins Berufsleben ist, darf man sich auf dieser Qualifikation nicht ausruhen. Es herrscht dennoch ein ständiger Wettbewerb mit anderen Absolventen. Grund genug, sich sowohl mit der Bewerbung als auch mit dem darauf folgenden Vorstellungsgespräch intensiv auseinanderzusetzen und einige Energie in die Vorbereitung zu investieren.

Um Ihr Ziel zu erreichen, müssen Sie aktiv werden. Das bedeutet, ausreichend Informationen einzuholen, die **Bewerbungen gezielt** zu **versenden** und sich auch auf **Vorstellungsgespräche gut vorzubereiten**. Die besten Voraussetzungen für Ihre Bewerbungsaktivitäten schaffen Sie, indem Sie **Ihr Angebot** erst einmal **analysieren**: Was kann ich (formale Ausbildung, sonstige Kenntnisse), was will ich? Anschließend informieren Sie sich über die Erwartungen des Marktes (zum Beispiel durch die Analyse von Zeitungsanzeigen oder Stellenbörsen im Internet) und stellen diese Ihrem Angebot gegenüber. Nach diesen Vorarbeiten erstellen Sie Ihre Bewerbungsunterlagen und versenden sie.

1.1.1 Grundlagen des Selbstmarketing

Sie wollen den bestmöglichen Preis für Ihr Angebot, also Ihre Arbeitskraft, erzielen. Dazu müssen Sie sich über Ihre **Stärken und Schwächen** im Klaren sein, wissen, was der Markt verlangt, und sich dann so präsentieren, dass Ihr Angebot auf Interesse stößt.

Für viele Studenten mit durchaus vermarktbaren Eigenschaften ist das oft schwierig. Denn nach wie vor lernen die wenigsten Menschen (schon gar nicht im Studium), ihre positiven Eigenschaften deutlich hervorzuheben und sich ernsthaft mit ihrer eigenen Person auseinanderzusetzen. **Selbstmarketing** ist bei der Jobsuche jedoch **unerlässlich**.

Angenommen, Sie wollen Ihr gebrauchtes Auto verkaufen, und zwar zu einem möglichst guten Preis. Wie gehen Sie vor? Sie werden sich zuerst einen Überblick über den Markt verschaffen. Welche Autos sind gerade gefragt, welche Einflüsse bestimmen den Gebrauchtwagenmarkt etc.? Dann untersuchen Sie Ihr Auto auf Eigenschaften, die Sie in einem Verkaufsgespräch positiv hervorheben können. Gleichzeitig werden Sie aber auch die Schwächen Ihres Angebots in Augenschein nehmen. Vielleicht fahren Sie in eine Werkstatt und investieren noch einmal ein paar Euros, um die nötigsten Dinge reparieren zu lassen. Wahrscheinlich werden Sie Ihr Auto zumindest einer gründlichen Reinigung unterziehen, um potenziellen Käufern einen besseren Gesamteindruck zu vermitteln. Und für das Verkaufsgespräch werden Sie sich eine **Verhandlungsstrategie** zurechtlegen.

Entsprechende Überlegungen gelten auch für Ihre Stellensuche. Je besser Ihre **Vorbereitung**, desto besser sind Ihre Chancen, Ihren Traumberuf an Land zu ziehen. Spätestens, wenn Sie im Vorstellungsgespräch mit der berühmt-berüchtigten Frage „Welche sind Ihre fünf größten Stärken und Schwächen?" konfrontiert werden, macht sich Ihre Vorbereitung bezahlt. Und um zu diesem Vorstellungsgespräch überhaupt erst eingeladen zu werden, benötigen Sie überzeugende Bewerbungsunterlagen.

Wenn Sie sich bis dahin jedoch noch kein genaues Bild von Ihrer Persönlichkeit gemacht haben, wird Ihre Antwort nicht sehr überzeugend ausfallen. Schlimmstenfalls werden Sie **Standardantworten** aus Bewerbungsratgebern verwenden, von denen Sie annehmen, dass sie positiv klingen.

Doch Personalchefs sind auch nicht von gestern. Und wer den ganzen Tag mit Bewerbern zu tun hat, die ihm alle erklären, dass sie über große Durchsetzungskraft verfügen (Stärke) und mithin schnell ungeduldig werden (angeblich eine positive Schwäche, weil sie auch Motivation ausdrückt), wird diesem Einheitsbrei gegenüber irgendwann nicht mehr allzu viel Verständnis aufbringen. Und da Ihre Konkurrenten auch Bewerbungsratgeber lesen, werden Sie sich so nicht aus der Masse der Bewerber herausheben können.

1.1 BEWERBUNGSPHILOSOPHIE

ACHTUNG Sie müssen zu einer ausgewogenen Selbsteinschätzung gelangen. Das wird Ihnen am besten gelingen, wenn Sie ausreichend Informationen über sich selbst sammeln und diese bewerten. Diese **Stärken-Schwächen-Analyse** können Sie zum einen durch ein persönliches Brainstorming erreichen. Zum anderen sollten Sie auch Freunde und Bekannte nach deren (ehrlicher!) Einschätzung fragen, denn Sie werden auch im Bewerbungsgespräch mit einem Gesprächspartner konfrontiert, der Ihre Außenwirkung wahrnimmt. Gibt es Unstimmigkeiten zwischen Ihrem **Selbstbild** und der Einschätzung, die andere von Ihnen haben (**Fremdbild**), sollten Sie überlegen, wie diese Differenzen zustande gekommen sind, und Ihr Selbstbild eventuell korrigieren.

Folgende Fragen könnten Sie sich für Ihr **Brainstorming** stellen:

KONTROLLFRAGEN

- Was kann ich gut?
- Was kann ich weniger gut?
- Was würde ich gerne besser können?
- Welche Aufgaben erledige ich gerne?
- Warum ist das so?
- Welche Aufgaben sind mir zuwider?
- Was schätzen meine Kollegen/Kommilitonen an mir?
- Was mögen sie nicht an mir?
- Was sind meine Stärken?
- Was sind meine Schwächen?
- Welche besonderen Kompetenzen habe ich?
- Wofür wurde ich schon öfters gelobt?
- In welchen Situationen reagiere ich mit positiven Verhaltensweisen?
- Aus welchen Situationen kenne ich bestimmte Verhaltensweisen, die ich gerne ändern würde?
- Welche persönlichen Eigenschaften stören mich an mir selbst?

Denken Sie bei Ihren Stärken besonders auch an Eigenschaften, die Sie als **selbstverständlich** ansehen, denn wir alle neigen dazu, diese hin und wieder unter den Tisch fallen zu lassen. Nicht jeder kann zum Beispiel seine Aufgaben gut strukturieren (etwa bei der Vorbereitung einer Prüfung), einen Zeitplan einhalten, eine Veranstaltung souverän organisieren oder gut zuhören.

Anschließend sollten Sie sich überlegen, wie Sie Ihre **Stärken überzeugend darstellen** (indem Sie Beispiele nennen) und auch kleinere Schwächen und Lücken im Lebenslauf in ein positives Licht setzen bzw. zumindest erklären können.

Mit Schwächen sind beispielsweise fachliche Defizite und Lücken oder persönliche Schwächen wie Unsicherheit, Jähzorn oder Schwierigkeiten im Umgang mit Kritik gemeint.

Natürlich werden Sie bei der Anführung Ihrer Schwächen im angebrachten Rahmen bleiben und sich nicht unbedingt selbst ein Bein stellen. Sie beweisen durch das **Eingeständnis von Schwächen** jedoch auch die Fähigkeit zur kritischen Selbstanalyse. Zusätzlich können Sie durch die Untersuchung Ihrer Schwächen wichtige Hinweise darauf erhalten, an welchen Eigenschaften Sie vielleicht noch arbeiten sollten, um Ihre beruflichen Ziele zu erreichen. Im Vorstellungsgespräch wird es einen sehr guten Eindruck machen, wenn Sie zusätzlich zur (diplomatischen) Nennung Ihrer Schwächen gleichzeitig angeben können, was Sie dagegen unternehmen und wann Sie dies tun werden.

 TIPP Nutzen Sie die Bewerbungsphase dafür, aktiv an eventuell bestehenden Schwächen zu arbeiten, etwa durch Kurse oder Ähnliches.

1.1.2 Potenzialanalyse

Die sorgfältige Inventur Ihrer Fähigkeiten und Wünsche wird Sie vor **zwei Enttäuschungen** bewahren: sich auf eine Stelle beworben zu haben, der Sie nicht gerecht werden und die Sie darum nicht erhalten, oder eine Stellung anzutreten, mit der Sie letztendlich nicht zufrieden sind.

> ACHTUNG Je gründlicher Sie Ihre **persönlichen, fachlichen und beruflichen Qualifikationen** und Ihre Zielsetzungen ermitteln, desto leichter fallen Ihnen im Anschluss die Abfassung Ihrer Bewerbungsunterlagen und die Präsentation im Vorstellungsgespräch.

Lassen Sie sich für Ihre Potenzialanalyse **einige Tage Zeit** und nehmen Sie sich Ihre Aufzeichnungen immer wieder vor. Beantworten Sie die Fragen dann erneut und ergänzen Sie, was Ihnen inzwischen an Änderungen oder Ergänzungen eingefallen ist.

Persönliche Fähigkeiten

Wenn Sie die Stellenanzeigen der Tageszeitungen oder die Internet-Stellenbörsen studieren, stoßen Sie auf Begriffe wie **Teamfähigkeit, Durchsetzungskraft, Belastbarkeit, Verhandlungsgeschick, Repräsentationsfähigkeit** etc. Diese sogenannten persönlichen Fähigkeiten oder Soft Skills erzeugen bei den meisten Bewerbern den größten Unmut, da sie sich im Gegensatz zu den fachlichen und beruflichen Qualifikationen am wenigsten durch sachliche Fakten belegen lassen.

Gerade deshalb sollten Sie jedoch auf die Analyse Ihrer Stärken und Schwächen in diesem Bereich den größten Wert legen.

1.1 BEWERBUNGSPHILOSOPHIE

Im Prinzip geht es um die Frage, was für ein Mensch Sie sind. Sind Sie eher optimistisch oder pessimistisch eingestellt, verbreiten Sie gute Laune, kann man sich auf Sie verlassen, wie arbeiten Sie, können Sie gut mit Kritik umgehen?

Unter **Soft Skills** fallen im Allgemeinen die Eigenschaften:

- Psychische Belastbarkeit und Durchsetzungsvermögen,
- Leistungs- und Lernbereitschaft (Motivation, Fleiß, Ehrgeiz),
- Fähigkeit zur Bewältigung von Misserfolgen,
- Kontaktstärke (Umgangsformen, Höflichkeit, Redegewandtheit),
- Kreativität (Innovationsfähigkeit, Neugier),
- Unternehmerisches Denken (Urteilsvermögen),
- Risikobereitschaft,
- Kommunikationsfähigkeit (Offenheit),
- Kritik- und Konfliktfähigkeit,
- Teamfähigkeit (Kooperations- und Integrationsfähigkeit),
- Soziale Sensibilität (Menschenkenntnis, Mitgefühl),
- Strukturiertes, logisches und analytisches Denken,
- Konzeptionelle Fähigkeit,
- Organisationsfähigkeit und Zeitmanagement,
- Ganzheitliches Denken,
- Bereitschaft zur Selbstreflexion.

Die Checkliste auf Seite 6 enthält einige der in Stellenanzeigen und im Berufsleben gern geforderten persönlichen Fähigkeiten. Sie können sie um weitere Fähigkeiten ergänzen, die Ihnen wichtig sind. Schätzen Sie sich mithilfe der Ausprägungen von 1 (gering) bis 6 (sehr hoch) zuerst selbst ein und überlegen Sie anhand von Beispielen aus Ihrem Privatleben oder Studium, wie Sie diese Einschätzung etwa in einem Vorstellungsgespräch begründen könnten.

Bitten Sie dann auch noch Freunde oder Bekannte, dieselbe Bewertung (möglichst ehrlich) vorzunehmen. Diese **Fremdeinschätzung** lässt ein etwas objektiveres Bild entstehen.

Beispiel: Wollen Sie Ihre hohe Belastbarkeit, die sich übrigens sowohl auf die psychische als auch die physische Verfassung bezieht, erklären, so könnten Sie ausführen, wie Sie in einer konkreten Prüfungssituation (starker Zeit- und Erfolgsdruck) reagiert haben.

Verwenden Sie nicht einfach die üblichen **Schlagworte**, sondern notieren Sie echte Beispiele aus Ihrem Leben. Wenn Sie Ihre persönlichen Fähigkeiten auf diese Art und Weise erst einmal schriftlich fixiert haben, wird es Ihnen leichter fallen, diese bei Ihrer Bewerbung zu belegen. Positiver Nebeneffekt: Ausgestattet mit diesem gedanklichen Grundgerüst entfällt ein wichtiger Grund für **Nervosität im Vorstellungsgespräch**. Sie müssen nicht mehr befürchten, auf eine Frage nicht antworten zu können (oder gar Antworten auswendig lernen), sondern können selbstsicher und authentisch auftreten.

Natürlich werden in **unterschiedlichen Positionen** verschiedene Soft Skills gefragt sein. Bei einer Vertriebsaufgabe etwa wird man sich für Ihre Kommunikationsfähigkeit, Ihr Durchsetzungsvermögen und Ihren Umgang mit Misserfolgen interessieren; in einer Verwaltungstätigkeit wird es eher auf strukturiertes und analytisches Denken, Organisationsfähigkeit, Zeitmanagement und Teamfähigkeit ankommen.

Apropos **Teamfähigkeit**: Wenn Sie sich fragen, wie Sie Ihre Teamfähigkeit begründen sollen, ist es gut zu wissen, dass diese sich im Prinzip aus den Soft Skills Kontaktfähigkeit, Durchsetzungsvermögen, soziale Sensibilität, Kommunikationsfähigkeit und Konflikt- und Kritikfähigkeit zusammensetzt. Wo liegen hier Ihre Fähigkeiten?

CHECKLISTE

Persönliche Fähigkeiten

Persönliche Fähigkeiten	Ausprägung Sehr gering ___ Sehr hoch						Begründung durch Beispiele
	1	2	3	4	5	6	
Motivation							
Kontaktfähigkeit							
Teamfähigkeit							
Selbstbewusstsein							
Durchsetzungsfähigkeit							
Repräsentationsfähigkeit							
Organisationstalent							
Zielstrebigkeit							
Kritikfähigkeit							

Fachliche Fähigkeiten

Die fachlichen Qualifikationen beziehen sich auf sämtliche **relevante Kenntnisse**, die Sie sich vor und während des Studiums angeeignet haben. Denken Sie auch an Kenntnisse, die Sie außerhalb Ihres Studiums, zum Beispiel in ehrenamtlichen Tätigkeiten oder durch Jobs, erworben haben. Überprüfen Sie anhand der Checkliste auf Seite 7 f., welche Daten und Unterlagen (Zeugnisse etc.) Sie für Ihre Bewerbung brauchen (können), und fassen Sie Ihre Analyse schriftlich zusammen.

> **ACHTUNG** Berücksichtigen Sie wirklich **alle Gebiete**, in welchen Sie auf Stärken verweisen können. Das bedeutet **nicht**, dass Sie **all** diese Fähigkeiten bei **jeder** Bewerbung nennen müssen. Im Gegenteil, eine gute Bewerbung zeichnet sich dadurch aus, dass sie auf die jeweiligen speziellen Anforderungen eingeht. Sie erhalten jedoch einen guten Überblick, um je nach Anforderungsprofil die passenden fachlichen Kenntnisse anführen zu können.

CHECKLISTE

Fachliche Fähigkeiten

Schulausbildung

Schultyp	Dauer	Abschluss
1		
2		

Hochschulausbildung
Studienrichtung: _____
Universität/FH: _____
Dauer: _____
Schwerpunkt: _____
Sonstige Fächer: _____
Diplomarbeit: _____
Abschlussnote: _____
Promotion (Thema/Note): _____
Wissenschaftliche Nebentätigkeit: _____
Ergänzungsstudiengänge: _____
Abgebrochene Studienfächer: _____
Besondere Aktivitäten (zum Beispiel Studentenvertretung): _____

Auslandsaufenthalte

Land	Dauer	Art des Aufenthalts
1		
2		
3		

Zusatzausbildungen

Art	Dauer	Abschluss/Noten
1		
2		

Sprachen

Sprache　　　　　　　　　　　　　　　　　　Sprachlevel
1 _____
2 _____
3 _____

EDV-Kenntnisse

Software/Programmierung　　　　　　　　　　Anwendungslevel
1 _____
2 _____
3 _____

Sonstige besondere Kenntnisse

Kenntnisse　　　　　　　　　　　　　　　　　Anwendungslevel
1 _____
2 _____
3 _____

Mitarbeit in Vereinen/Organisationen
1 _____
2 _____
3 _____

Jobs/Berufliche Tätigkeiten
1 _____
2 _____
3 _____

Hobbys/Interessengebiete
1 _____
2 _____
3 _____

Publikationen/Veröffentlichungen
1 _____
2 _____
3 _____

Berufliche Fähigkeiten

Selbst direkt nach dem Studium können die meisten Studenten gewisse **praktische und berufliche Erfahrungen** vorweisen. Berufliche Qualifikationen können Sie zum Beispiel in

- ehrenamtlichen Tätigkeiten,
- Praktika oder Werkstudententätigkeiten,
- Projekten während des Studiums oder
- Nebenjobs

erworben haben. Oft ergeben sich zwischen den beruflichen und fachlichen Fähigkeiten Überschneidungen. Überlegen Sie sich trotzdem anhand der folgenden Checkliste, welche Ihrer Kenntnisse und Erfahrungen als beruflich gewertet werden könnten.

„Übersetzen" Sie Ihre **Fähigkeiten** für den Leser Ihrer Bewerbung oder den Gesprächspartner im Unternehmen, indem Sie sich überlegen, welche Kompetenzen, die Sie etwa als Bedienung in einer Studentenkneipe beweisen mussten, auch für die jetzt angestrebte Stelle wichtig sind: So haben Sie dort wahrscheinlich gelernt, unter Druck schnell zu arbeiten, den Überblick zu behalten, sich gut zu organisieren und mit den unterschiedlichsten Menschen umzugehen.

CHECKLISTE

Berufliche Fähigkeiten

- Welche beruflichen Tätigkeiten haben Sie vor, während oder nach Ihrem Studium ausgeübt? Notieren Sie auch Jobs wie zum Beispiel Taxifahren, Mitarbeit im Call-Center oder Kellnern.
- Welche privaten und ehrenamtlichen Tätigkeiten können Sie aufführen (Vereine, Fachschaft, Freundeskreis etc.)?
- Welche Praktika haben Sie während des Studiums absolviert?
- In welchen Unternehmen bzw. Unternehmensbereichen waren Sie schon tätig?
- Mit welchen Aufgaben wurden Sie schon betraut?
- Bei welchen Projekten haben Sie mitgearbeitet? Welche haben Sie eigenständig betreut und/oder zum Abschluss gebracht?
- Welche Ihrer Fähigkeiten konnten Sie dabei einbringen?
- Welche Probleme haben Sie gelöst?
- Konnten Sie spezielle eigene Ideen oder Vorschläge zur Problemlösung beisteuern?
- Welche Erfolge haben Sie erzielt?

Ihr persönliches Stärken-Schwächen-Profil

Nachdem Sie sich nun einen Überblick über Ihre persönlichen, fachlichen und beruflichen Fähigkeiten verschafft haben, können Sie Ihr individuelles Stärken-Schwächen-Profil erstellen. Nehmen Sie alle für Sie (bzw. die angestrebte Stelle) wichtigen Kriterien auf und bewerten Sie auf einer Skala von 1 (gering) bis 6 (sehr hoch/gut), wie Sie sich, etwa im Vergleich zu Kommilitonen oder eventuellen Mitbewerbern, einschätzen.

So würden Sie zum Beispiel ein Prädikatsexamen mit 6 (sehr gut) bewerten, Ihre Führungserfahrung mit 1 (sehr gering), wenn Sie noch keinerlei Führungstätigkeiten ausgeübt haben. Eine ähnliche Einschätzung haben Sie schon in der Checkliste „Persönliche Fähigkeiten" auf Seite 6 vorgenommen, hier fassen Sie nun alle relevanten Kriterien zusammen. Mit diesem Profil können Sie sich auch vor Ihren Vorstellungsgesprächen noch einmal einen kurzen Überblick verschaffen.

✓ CHECKLISTE
Beispiel Stärken-Schwächen-Profil

Kenntnisse/Fähigkeiten	Ausprägung					
	1	2	3	4	5	6
Hochschulstudium						X
Berufserfahrung		X				
Auslandsaufenthalte			X			
Selbstständige Projekte		X				
Berufsbezogene Praktika					X	
Teamfähigkeit				X		
Englischkenntnisse						X
Französischkenntnisse			X			
Kritikfähigkeit					X	
Führungserfahrung	X					
Einsatzbereitschaft					X	
Mobilität						X

1.1.3 Erwartungsprofil

Sie haben Ihre Fähigkeiten ausreichend analysiert sowie schriftlich fixiert und wissen jetzt genau, was Sie zu bieten haben. Mit der **Analyse Ihrer beruflichen Zielsetzungen** sollten Sie sich nun mindestens genauso ausführlich beschäftigen.

> **WICHTIG** Je klarer Sie sich darüber werden, welche Vorstellungen Sie von Ihrem Traumjob haben, desto wahrscheinlicher ist Ihr **erfolgreicher Start** ins Berufsleben.

Erstellen Sie Ihr persönliches Erwartungsprofil mit sämtlichen berufsbezogenen Kriterien und bewerten Sie diese in folgender Rangfolge:

- Müssen unbedingt erfüllt sein (1).
- Könnten als Pluspunkte dazukommen (2).
- Können vernachlässigt werden (3).

Die folgende Checkliste gibt einige Anhaltspunkte, wie Sie Ihr persönliches Erwartungsprofil gestalten können. Nach erfolgter Gewichtung der Bedingungen erhalten Sie ein Bild Ihres **idealen Arbeitsplatzes,** mit dem Sie Jobangebote bewerten können.

CHECKLISTE

Fachliches Erwartungsprofil

Einsatzgebiete
EDV/Organisation _____
Forschung/Entwicklung, Marketing _____
Verkauf/Vertrieb _____

Erwartungen an das Unternehmen
Branche _____
Größe (Kleinbetrieb, internationales Unternehmen) _____
Gesellschaftsform _____
Ruf in der Branche _____
Expansions-/Wachstumschancen _____
Stellung auf dem Weltmarkt _____
Attraktivität der Produkte _____

Erwartungen an die Unternehmens- und Führungskultur
Führungsstil _____
Altersstruktur der Mitarbeiter _____
Mitarbeiterförderung _____
Teamarbeit _____
Betriebsklima _____
Soziale Leistungen _____
Arbeitszeiten _____
Urlaubszeiten _____

Erwartungen an die Position
Personalverantwortung ___
Projektverantwortung ___
Weiterbildungsmöglichkeiten ___
Aufstiegschancen ___
Einstiegsgehalt ___
Gehaltsentwicklung ___
Gewünschte Hierarchiestufe ___

Erwartungen an die Rahmenbedingungen
Ländliche Gegend/Großstadt ___
Geografische Lage (innerhalb Deutschlands/international) ___
Wohnungsmarkt ___
Kulturelles Umfeld ___
Anfahrtszeiten ___

___
___

> **ACHTUNG** Es geht hier zunächst wirklich nur um **Ihre ganz persönlichen Erwartungen**; Sie brauchen also (noch) keine Rücksicht darauf zu nehmen, inwieweit diese mit den Angeboten möglicher Arbeitgeber deckungsgleich sind. Schließen Sie also nicht von vornherein bestimmte Ziele aus, nur weil Sie Ihnen im Augenblick als schwer oder gar nicht realisierbar erscheinen – auch auf Umwegen erreicht so mancher sein Ziel.

Anschließend sollten Sie die infrage kommenden Unternehmen auf dem Arbeitsmarkt anhand Ihrer Analyse bewerten: Welche Unternehmen erfüllen die von Ihnen als wichtig eingestuften Kriterien? Informationen dazu erhalten Sie aus den unterschiedlichsten Quellen, so zum Beispiel

- Arbeitsamt,
- Industrie- und Handelskammern,
- Homepages der Unternehmen,
- (Rekrutierungs-)Messen und Veranstaltungen,
- Firmenbroschüren und Geschäftsberichte,
- Berufs- und Branchenverbände sowie
- Wirtschaftsnachrichten in überregionalen Medien.

Auch das Internet können Sie sowohl zur Informations- als auch zur Stellensuche nutzen.

Web-Links

- www.absolventa.de
- www.cesar.de
- www.computerwoche.de/karriere
- www.faz.net
- www.focus.de/finanzen/karriere
- www.handelsblatt.com
- www.manager-magazin.de
- www.sueddeutsche.de
- http://jobs.zeit.de

(Recruiting-)Messen und Veranstaltungen

Auf Veranstaltungen wie **Jobmessen und Karrieretagen** stellen sich Unternehmen mit dem Ziel vor, neue Mitarbeiter für sich zu gewinnen. Diese „Recruitingmessen" gibt es für verschiedene Zielgruppen (zum Beispiel Hochschulabsolventen), Branchen und Positionen. Nutzen Sie wenn möglich solche Anlässe, um sich an den Ständen über die verschiedenen Firmen und Jobangebote zu informieren, Material mitzunehmen oder auch erste Gespräche mit Unternehmensvertretern zu führen.

Auf **Fach- und Besuchermessen** sind oft Inhaber oder Personalmitarbeiter persönlich anwesend. Über Unternehmen aus Ihrer unmittelbaren Umgebung können Sie sich auf **regionalen Wirtschaftstagen** informieren, die von den Kammern veranstaltet werden.

ACHTUNG Bereiten Sie sich auf den Messebesuch gut vor, um Ihre Zeit möglichst sinnvoll nutzen zu können. Wählen Sie die Unternehmen aus, die Sie am meisten interessieren, und planen Sie den Tagesablauf. Bereiten Sie Bewerbungsunterlagen für die Firmen Ihrer Wahl vor – und ein paar neutrale Kurzbewerbungen für alle Fälle. Hat Ihnen ein Gesprächspartner den Namen einer Person im Unternehmen genannt, an die Sie sich wenden können, dann fragen Sie, ob Sie den Namen Ihrer Kontaktperson als Referenz nutzen dürfen, und lassen sich eventuell beide Namen buchstabieren.

Berufs- und Branchenverbände

Verbände vertreten einen Berufsstand oder eine bestimmte Branche; man wird Ihnen dort also weiterhelfen können, wenn Sie spezielle Informationen über deren Bereich oder Mitgliedsunternehmen brauchen. Letztere werden in Publikationen oder auf der Website des Verbandes aufgeführt und häufig auch kurz porträtiert. Oft gibt es auch eine Plattform für freie Stellen oder Praktikumsplätze. Vielleicht können Sie in einem Verbandsorgan sogar ein Stellengesuch aufgeben.

1.1.4 Anforderungen des Marktes

Sie verfügen jetzt über ein **ausführliches Dossier** darüber, was Sie zu bieten haben und was Sie wollen. Ihr Angebot ist klar umrissen. Doch wie sieht es mit der Nachfragerseite aus, in unserem Fall den einzelnen Unternehmen? Was erwarten potenzielle Arbeitgeber von Ihnen?

Die wichtigsten der geforderten Kompetenzen können Sie den **Stellenanzeigen** entnehmen. Im Anzeigentext werden in der Regel die oben angesprochenen persönlichen Fähigkeiten, wie etwa Teamfähigkeit, kommunikative Fähigkeiten oder Flexibilität, und die erwarteten fachlichen bzw. beruflichen Qualifikationen genannt. Hier sollten Sie zwischen Kann-Forderungen und Muss-Forderungen unterscheiden.

Beim Studieren des Anzeigentextes werden Sie schnell erkennen, ob eine Eigenschaft unbedingt gefordert wird oder nur ein Plus darstellt.

Beispiele für Muss-Formulierungen:

- „Sie sind ..."
- „Sie verfügen ..."
- „Sie haben ..."
- „... setzen wir voraus."

Beispiele für Kann-Formulierungen:

- „Sie haben nach Möglichkeit promoviert."
- „Idealerweise verfügen Sie über erste Berufserfahrungen."

Die Anzeigenanalyse

Welche Anforderungen stellt das Unternehmen an potenzielle Mitarbeiter, wie stellt es sich selbst dar? Arbeiten Sie die wesentlichen Informationen heraus, um dann in Ihrer Bewerbung darauf eingehen zu können.

Wenn Sie das **Anforderungsprofil** des Unternehmens mit Ihrer vorher erstellten Potenzialanalyse vergleichen, werden Sie schnell erkennen, ob Ihre Bewerbung Chancen hat.

ACHTUNG Trennen Sie bei der Untersuchung einer Stellenanzeige die erwarteten **fachlichen und persönlichen Qualifikationen** und versuchen Sie auch, aus der Selbstdarstellung des Unternehmens gewisse Anforderungen an die Mitarbeiter abzuleiten.

1.1 BEWERBUNGSPHILOSOPHIE

Beispiele für Anzeigentexte:

- „innovative Lösungen, moderne Organisation" = Anforderung an die Mitarbeiter: zukunftsorientiertes Denken und Handeln
- „mit dem Erreichten geben wir uns nicht zufrieden" = Anforderung an die Mitarbeiter: hohe Leistungsorientierung
- „überprüfen und verbessern laufend" = Anforderung an die Mitarbeiter: Lern- und Entwicklungsbereitschaft

Stimmt Ihre Potenzialanalyse mit der Anforderungsanalyse überein, so sollten Sie im nächsten Schritt überprüfen, ob das ebenfalls in der Stellenanzeige enthaltene Angebot bezüglich

- Unternehmen,
- Aufgabe/Position,
- Entwicklungsmöglichkeiten etc.

mit Ihrem **Erwartungsprofil** übereinstimmt. Überprüfen Sie auch, ob es sinnvoll ist, eventuell **fehlende Kompetenzen** zu **erwerben**. Überlegen Sie sich, welche Argumente für eine Einstellung sprechen. So erhalten Sie sowohl für Ihr Bewerbungsschreiben als auch für das Vorstellungsgespräch die wichtigsten Anhaltspunkte.

✓ CHECKLISTE

Anforderungsprofil

Ausbildung _____
Studium _____
Berufserfahrung _____
Führungserfahrung _____
Erfahrung im Projektmanagement _____
Besondere Fachkenntnisse _____
Mobilität _____
Einsatzbereitschaft _____
Persönliche Kompetenzen _____

Vielleicht bemerken Sie in diesem Zusammenhang, dass Ihnen **wichtige Informationen** zur Bewertung des Angebots **fehlen**. Auch Stellenanzeigen sind in dieser Hinsicht durchaus nicht immer perfekt.

Ziehen Sie **andere Informationsquellen** hinzu (vgl. Seite 51 f.).

Ist das nicht möglich oder erhalten Sie auf diese Weise nicht die benötigten Informationen, können Sie auch beim Unternehmen selbst **anrufen**, sofern Sie sich eine klare Fragestellung zurechtgelegt haben. Das kann sogar ein Aufhänger sein, um mit den zuständigen Mitarbeitern in Kontakt zu kommen und einen guten ersten Eindruck zu hinterlassen. Notieren Sie sich in diesem Fall den Namen und die Funktion des Ansprechpartners für Ihre Bewerbung. Sie müssen allerdings damit rechnen, gleich einem kurzen Telefon-Interview unterzogen zu werden (siehe Checkliste „Telefonische Anfragen", Seite 22).

> ACHTUNG Sie sollten sich nur dann auf eine ausgeschriebene Stelle bewerben, wenn Ihr **Angebots- und Erwartungsprofil** zu mindestens 80 Prozent mit dem in der Anzeige geforderten Profil übereinstimmt.

Lassen Sie sich andererseits aber auch nicht von Stellenanzeigen verunsichern, in denen die Anforderungen an den idealen Kandidaten so hoch gesetzt sind, dass sie vernünftigerweise kein Mensch erfüllen kann. Den frischgebackenen Diplom-Kaufmann mit langjähriger Berufserfahrung gibt es nun einmal nicht!

Sonderfall Chiffre-Anzeige

Chiffre-Anzeigen werden meist geschaltet, um entweder

- Konkurrenten im Unklaren über personelle Erweiterungen/Veränderungen im Unternehmen zu lassen,
- dem momentanen Stelleninhaber nicht zu offenbaren, dass Ersatz für ihn gesucht wird, oder
- trotz eines nicht besonders guten Unternehmensimages möglichst viele Bewerber anzusprechen.

Folgendermaßen gehen Sie bei der Bewerbung vor: Verpacken Sie Ihre Unterlagen in einen Umschlag, schreiben Sie „Chiffre xyz" darauf, verschließen Sie ihn und stecken ihn dann in einen zweiten Umschlag. Auf diesen schreiben Sie die Anschrift der Zeitung, in welcher das Inserat erschienen ist, und wiederum den Vermerk „Chiffre xyz". Den äußeren Umschlag frankieren Sie und geben auf ihm auch Ihren Absender an. Einen Sperrvermerk würden Sie gegebenenfalls auf beiden Umschlägen, und zwar auffällig, etwa in fett oder mit Leuchtstift markiert, anbringen.

Sonderfall Personalberatung

Wie bei der Chiffre-Anzeige wissen Sie auch hier erst einmal nicht, für welches Unternehmen der Personalberater einen neuen Mitarbeiter sucht. Die Gründe, warum ein Personalberater eingeschaltet wird, können die gleichen wie bei der Chiffre-Anzeige sein, manchmal delegieren Firmen aber auch gerne den gesamten Arbeitsaufwand des Bewerbungsprozesses oder verfügen vielleicht in besonderen Fällen (etwa wenn eine völlig neu geschaffene Stelle zu besetzen ist) nicht über das notwenige fachliche Know-how der Bewerberauswahl.

 ACHTUNG Das suchende Unternehmen bezahlt für diese Dienstleistung, Ihnen dürfen bei seriösen Beratern keine Kosten entstehen.

Personalberater können mittels geschalteten Anzeigen in Erscheinung treten oder sie rufen Kandidaten nach einer vorhergehenden Recherche direkt am Arbeitsplatz an (das sogenannte **Headhunting**). Letzteres wird bei Ihnen als Berufsanfänger also kaum infrage kommen.

Eine Bewerbung an einen Personalberater gestalten und formulieren Sie im Prinzip genauso wie eine Bewerbung an ein suchendes Unternehmen, nur dass eben aus offensichtlichen Gründen die entsprechende Personalisierung entfällt.

Der Personalberater wird die **Vorauswahl** der eingehenden Bewerbungen vornehmen und meist auch das erste **Vorstellungsgespräch** führen, um zu sondieren, ob Ihre Fähigkeiten und Persönlichkeit mit dem vom Unternehmen gewünschten Profil übereinstimmen. Verlief dieses erfolgreich, werden Sie in einer zweiten Runde mit den Unternehmensvertretern in Kontakt kommen.

Sie können die **Adressen** (und manchmal Branchenschwerpunkte) von Personalberatern im Internet, Branchenverzeichnis oder in Handbüchern der Personalberatungen **recherchieren** und dort nachfragen, ob Interesse an Ihren Unterlagen besteht. Im Zweifelsfall wird man Ihre Bewerbung archivieren und im Bedarfsfall auf Sie zukommen. Allerdings sollten Sie die **Erfolgsaussichten** nicht allzu hoch einschätzen, da Personalberater tendenziell eher mit Suchaufträgen für Kandidaten mit spezifischer Berufserfahrung beauftragt werden.

Das Allgemeine Gleichbehandlungsgesetz (AGG)

Seit dem 18.08.2006 ist das Allgemeine Gleichbehandlungsgesetz (AGG, umgangssprachlich auch **Antidiskriminierungsgesetz** genannt) in Kraft. Das Gesetz setzt Richtlinien der EU um; generell sollen damit Benachteiligungen vielfacher Art verhindert und beseitigt werden, auch solche in der Einstellungspraxis von Unternehmen.

Gründe für die Benachteiligung können sein:

- Rasse,
- Ethnische Herkunft,
- Geschlecht,
- Religion oder Weltanschauung,
- Behinderung,
- Alter,
- Sexuelle Identität.

Benachteiligungen aus den oben genannten Gründen in Bezug auf

- die Bedingungen, einschließlich Auswahlkriterien und Einstellungsbedingungen, für den Zugang zu unselbstständiger und selbstständiger Erwerbstätigkeit, unabhängig von Tätigkeitsfeld und beruflicher Position, sowie für den beruflichen Aufstieg,
- die Beschäftigungs- und Arbeitsbedingungen einschließlich Arbeitsentgelt und Entlassungsbedingungen, insbesondere in individual- und kollektivrechtlichen Vereinbarungen und Maßnahmen bei der Durchführung und Beendigung eines Beschäftigungsverhältnisses sowie beim beruflichen Aufstieg,
- den Zugang zu allen Formen und allen Ebenen der Berufsberatung, der Berufsbildung einschließlich der Berufsausbildung, der beruflichen Weiterbildung und der Umschulung sowie der praktischen Berufserfahrung,
- die Mitgliedschaft und Mitwirkung in einer Beschäftigten- oder Arbeitgebervereinigung oder einer Vereinigung, deren Mitglieder einer bestimmten Berufsgruppe angehören, einschließlich der Inanspruchnahme der Leistungen solcher Vereinigungen,
- den Sozialschutz, einschließlich der sozialen Sicherheit und der Gesundheitsdienste,
- die sozialen Vergünstigungen,
- die Bildung,
- den Zugang zu und die Versorgung mit Gütern und Dienstleistungen, die der Öffentlichkeit zur Verfügung stehen, einschließlich von Wohnraum

sollen durch das Gesetz vermieden werden.

Die von manchen Experten vorab vermutete Klagewelle von abgewiesenen Bewerbern blieb bis jetzt offenbar aus.

Laut Kritikern ist ein Manko des Gesetzes, dass oft **unbestimmte Begriffe** verwendet werden. Es wird sich also erst im Verlauf der nächsten Jahre in unterschiedlichen Klageverfahren zeigen, wie die Richter die einzelnen Bestimmungen interpretieren. Bis jetzt ist es in Deutschland jedoch nicht zu exorbitanten Schadensersatzverpflichtungen gekommen (wie etwa in den Vereinigten Staaten).

Inwieweit Sie bei der Bewerbung von Ihren **neuen Rechten Gebrauch machen** möchten, können nur Sie selbst entscheiden. Soweit Sie nicht wirklich dringende Gründe haben, bestimmte Informationen nicht preiszugeben, scheint zumindest zurzeit noch die Abgabe einer herkömmlichen Bewerbung eher empfehlenswert (zumal es auch schon nach der alten Rechtslage etwa bestimmte unzulässige Fragen gab, die ein vernünftiger Personaler nie stellen würde, siehe Seite 67).

Die Auswirkungen auf Stellenanzeigen

Unprofessionell formulierte Anzeigen dürften seltener werden. Denn Arbeitgeber müssen nun schon bei der Ansprache und Auswahl neuer möglicher Arbeitnehmer auf den **Schutz vor Benachteiligungen** achten.

Ein Satz wie „Junger dynamischer Mitarbeiter bis 35 gesucht" würde zum Beispiel ältere weibliche Arbeitnehmerinnen diskriminieren und dürfte nur dann verwendet werden, wenn älteren Frauen diese Tätigkeit unter keinen Umständen zugemutet werden kann. Auch die Suche nach einem „Muttersprachler" könnte im Prinzip eine mittelbare Benachteiligung wegen der ethnischen Herkunft bedeuten.

Sie werden also öfter auf **neutral formulierte Stellenausschreibungen** stoßen. Insbesondere werden eher geschlechtsneutral formulierte Tätigkeitsbezeichnungen und fehlende Altersbeschränkungen die Anzeigen in Zukunft kennzeichnen.

ACHTUNG Aber auch hier gibt es Ausnahmen von der Regel, denn nicht jede unterschiedliche Behandlung ist eine verbotene Benachteiligung. So können weiterhin bestimmte Gruppen als Bewerber ausgeschlossen werden, wenn dafür ein sachlicher Grund vorliegt. Es kann also eine für die Tätigkeit erforderliche Berufserfahrung gefordert werden oder entsprechende Qualifikationen wie Fremdsprachenkenntnisse.

Als Nachteil könnte sich erweisen, dass aus den Stellenangeboten in Zukunft vielleicht nicht mehr klar hervorgeht, welche Arbeitskraft für eine bestimmte Tätigkeit eigentlich gesucht wird. Sie können versuchen, durch einen Anruf beim Unternehmen mehr in Erfahrung zu bringen, müssen aber auch hier damit rechnen, keine eindeutigen Angaben mehr zu erhalten.

Die Auswirkungen auf Ihre Bewerbungsunterlagen

Theoretisch müsste eine vollständige Bewerbung zukünftig ohne Angaben zu Alter, Geschlecht, Geburtsort und Familienstand sowie ohne Bewerbungsfoto akzeptiert werden. Manche **Angaben** lassen sich **aus den Bewerbungsunterlagen erschließen**, wie etwa das ungefähre Alter aus den Stationen des Lebenslaufs oder das Geschlecht oft aus dem Vornamen. Das **Bewerbungsfoto** könnte allerdings im Lauf der Zeit, wie im übrigen Europa, zu einer freiwilligen Anlage werden.

Die Auswirkungen auf das Vorstellungsgespräch

Es ist davon auszugehen, dass Vier-Augen-Gespräche weitgehend der Vergangenheit angehören werden, da sich der Unternehmensvertreter durch einen weiteren **Mitarbeiter als Zeugen** absichern wird. Vielfach werden die Bewerbungsgespräche genau protokolliert werden, um späteren Beanstandungen von Bewerbern entgegentreten zu können. Und auch die **gestellten Fragen** werden sich ändern, um nicht den Verdacht aufkommen zu lassen, eine Benachteiligung im Sinne des AGG zu begründen (also etwa Fragen zum persönlichen und privaten Hintergrund oder zur Familienplanung).

Abzuwarten bleibt auch, ob Unternehmen überhaupt noch bereit sein werden, **Feedback** zum Bewerbungsgespräch oder eventuellen Absagen zu geben. Sie könnten sich dadurch im Sinne des AGG angreifbar machen. Leider bedeutet das für Sie als Bewerber in Zukunft noch **weniger Orientierung**, warum es nicht geklappt hat.

Um sich vor Schadensersatzansprüchen zu schützen, müssen Unternehmen das gesamte Bewerbungs- und Einstellungsverfahren **sorgfältig dokumentieren**, also Bewerbungsmappen einschließlich aller Notizen über Gespräche, Telefonate und Interviews und eventueller Absagen aufbewahren.

Wann können Sie sich wehren?

Als Bewerber können Sie klagen, wenn Sie **Indizien** dafür haben, wegen Ihres Alters, Ihrer Rasse, Ihrer ethnischen Herkunft, Ihres Geschlechts, Ihrer Religion oder Weltanschauung, einer Behinderung oder Ihrer sexuellen Identität nicht eingestellt worden zu sein.

Hinweise darauf könnten unzulässige Formulierungen im Stellengesuch, abwertende Bemerkungen während des Vorstellungsgesprächs oder unzulässige Fragen im Personalfragebogen sein.

Wer aufgrund einer Diskriminierung als Bewerber abgelehnt worden ist, kann den Arbeitgeber auf **Schadensersatz** verklagen, dazu muss jedoch eine schuldhafte, das heißt vorsätzliche oder fahrlässige Pflichtverletzung nachgewiesen werden. In der aktuellen Fassung des AGG ist der Anspruch auf drei Monatsgehälter der potenziellen Stelle begrenzt.

1.2 Formen der Bewerbung

Sie können auf vielfältige Arten **aktiv werden**, um an Ihren Traumjob zu gelangen.

Sie können

- telefonische Anfragen starten,
- sich ohne Stellenanzeige eigeninitiativ bewerben,
- Kurzbewerbungen abschicken,
- eigene Suchanzeigen aufgeben,
- auf eine Stellenausschreibung eine klassische Bewerbungsmappe schicken oder
- per Online-Bewerbung antworten.

Nicht unterschätzen sollten Sie **persönliche Beziehungen** bei der Stellensuche. Hat vielleicht Ihr Professor Kontakt zu interessanten Unternehmen oder haben Sie bei Praktikanten- oder Werkstudententätigkeiten wertvolle Verbindungen geknüpft? Verschaffen Sie sich aktiv so viele Kontakte wie möglich und erzählen Sie allen Bekannten, Freunden, ehemaligen Kommilitonen und so weiter, die im weitesten Sinne mit Ihrem gewünschten Berufsfeld zu tun haben, von Ihrer Stellensuche (hier könnten sich auch Anknüpfungspunkte für eventuelle Referenzen ergeben).

Telefonische Anfragen

Durch eine telefonische Anfrage können Sie abklären, ob es in Ihrem Wunschunternehmen zurzeit offene Stellen gibt, die mit Ihrem Profil übereinstimmen.

Der Einstieg: Wenn Sie keine direkte Durchwahl zu Ihrem gewünschten Gesprächspartner haben, werden Sie zuerst in der Telefonzentrale landen. Beginnen Sie Ihr Gespräch immer mit einer freundlichen Begrüßung und nennen Sie Ihren Namen. Schildern Sie kurz Ihr Anliegen und fragen Sie, welche Person im Unternehmen dafür zuständig ist. Wiederholen Sie dieselbe Prozedur und bleiben Sie freundlich, auch wenn Sie mehrfach weiterverbunden werden.

Das eigentlich **zielführende Gespräch**: Haben Sie den richtigen Gesprächspartner in der Leitung, verwenden Sie hin und wieder dessen Namen (aber nicht zu aufdringlich). Die meisten Menschen hören ihren eigenen Namen gerne.

Erklären Sie kurz, um was es geht, und schließen Sie die Schilderung Ihres Anliegens möglichst mit einer Frage ab, etwa: „Sehen Sie Möglichkeiten zur Zusammenarbeit?" Zeigt Ihr Gesprächspartner Interesse, wird sich nun ein Dialog entwickeln, in dem Ihnen einige Fragen zu Ihrem Werdegang und Ihren Zielen (Kurzinterview) gestellt werden.

Sie möchten den Gesprächspartner für sich und Ihre Fähigkeiten interessieren und ihn dazu bewegen, die Zusendung Ihrer Unterlagen zu akzeptieren. Fassen Sie sich also kurz und verzichten Sie auf lange Monologe. Schildern Sie knapp Ihre Qualifikationen und stellen Sie Ihre Fragen.

ACHTUNG Grundsätzlich wichtig: Fragen Sie vorab, ob Ihr Gesprächspartner gerade Zeit hat, anderenfalls vereinbaren Sie einen Termin für Ihren Anruf. Riskieren Sie keinesfalls, nur aus **Zeitmangel abgewimmelt** zu werden.

Der Abschluss: Teilt man Ihnen klar und deutlich mit, dass an Ihrer Bewerbung kein Interesse besteht, dann bedanken Sie sich trotzdem für das Gespräch und drücken Sie Ihr Bedauern aus, dass es nicht zu einem näheren Kennenlernen kommt. Vielleicht treffen Sie Ihren Gesprächspartner bei einer anderen Gelegenheit wieder, also zeigen Sie keinesfalls, dass Sie vielleicht enttäuscht oder verärgert sind, sondern bleiben Sie freundlich.

Fordert man Sie hingegen auf, sich schriftlich zu bewerben, dann fragen Sie, an wen Sie die Unterlagen schicken sollen. Bedanken Sie sich ebenfalls und geben Sie Ihrer Freude über das positiv verlaufene Gespräch Ausdruck.

> **CHECKLISTE**
>
> **Telefonische Anfragen**
>
> - Bereiten Sie sich auf den Anruf gut vor, indem Sie die Begrüßung und Ihre Fragen zuvor formulieren und aufschreiben.
> - Sie sollten auch alle wichtigen Informationen über sich selbst und Ihre Fähigkeiten parat haben, damit Sie auf eventuelle spontane Fragen souverän antworten können.
> - Notieren Sie den Namen und die Telefonnummer Ihres Gesprächspartners.
> - Fragen Sie, an wen Sie gegebenenfalls Ihre Unterlagen schicken sollen.
> - Wählen Sie für das Telefongespräch einen ruhigen Ort (möglichst nicht per Handy wegen eventueller Störgeräusche) und legen Sie sich Schreibmaterial für Ihre Notizen bereit.
> - Sitzen Sie aufrecht beim Telefonieren oder stehen Sie – das verleiht Ihrer Stimme mehr Klangtiefe.
> - Lächeln Sie am Telefon. Ihr Gegenüber spürt Ihre Stimmung, auch wenn er Sie nicht sehen kann.

Eigeninitiativ bewerben

Unter **Initiativbewerbungen** versteht man Bewerbungen an Unternehmen, die keine Stellenanzeige geschaltet haben. Sinnvoll ist es in diesem Fall, zuerst durch die oben beschriebene telefonische Anfrage abzuklären, ob für Ihre Bewerbung Bedarf besteht und wer der richtige Ansprechpartner ist.

Kurzbewerbungen

Eine Alternative zu Initiativbewerbungen sind sogenannte (Zielgruppen-)Kurzbewerbungen. Sie schicken in diesem Fall nur ein **Schreiben von der Länge einer DIN-A4-Seite**, das Ihr Angebotsprofil enthält, und zwar an *alle* potenziellen Arbeitgeber – gleichgültig, ob diese Stellen ausgeschrieben haben oder nicht. Dies setzt eine gute Recherche voraus, denn Sie sollten Ihre Kurzbewerbung an 100 bis 200 Unternehmen versenden. Vermeiden Sie es aber, den Eindruck eines **Serienbriefes** zu erwecken: Verwenden Sie keine Kopien und ermitteln Sie den Namen Ihres Ansprechpartners im Unternehmen.

Interessierte Unternehmen werden Sie nach Erhalt der Kurzbewerbung auffordern, Ihre kompletten Bewerbungsunterlagen einzusenden. Der **strategische Vorteil** der Kurzbewerbungen besteht darin, dass Sie auf diese Weise unter Umständen von Stellen erfahren, die noch nicht ausgeschrieben sind, und so der einzige Bewerber und (vorerst) konkurrenzlos sind.

Kurzbewerbungen sind ein erstklassiges Mittel, um den **latenten Personalbedarf** der Unternehmen anzusprechen.

CHECKLISTE

Kurzbewerbung

- Ihre Kontaktdaten
- Anschrift
- Betreff
- Persönliche Anrede des Ansprechpartners im Unternehmen
- Ihr Angebot: was Sie für das Unternehmen leisten können
- Kurzdarstellung Ihrer Fähigkeiten (persönlich, fachlich, beruflich)
- Schlussformel

Eigene Stellengesuche

Sie können, je nach angepeilter Position, ein Stellengesuch in einer regionalen oder überregionalen Zeitung oder in einer Fachzeitschrift veröffentlichen. Aufgrund der teilweise hohen Kosten und der jeweiligen Einschränkung der Zielgruppe (Leser) in Printmedien sollten Sie Ihre Stellengesuche jedoch lieber ins **Internet** stellen. Um **Ideen für die Formulierung** zu erhalten, können Sie andere Stellengesuche für vergleichbare Positionen studieren. Achten Sie darauf, den Schwerpunkt nicht auf Ihre Wünsche (Ich suche ...) zu legen, sondern auf das, was Sie dem Unternehmen bieten können.

Der **Nutzen** von eigenen Stellengesuchen ist jedoch – gerade für Berufsanfänger – umstritten. In den allermeisten Fällen bekommen Unternehmen eher zu viele als zu wenige Bewerbungen und sind deshalb nicht darauf angewiesen, aktiv nach Bewerbern zu recherchieren. Sie müssen eher mit Reaktionen von Firmen rechnen, auf die Sie weniger Wert legen, etwa von oft zweifelhaften **Strukturvertrieben**, die Ihnen großen Erfolg bei geringem Kapitaleinsatz und wenig Arbeitsaufwand versprechen.

CHECKLISTE

Stellengesuch

Ihr Stellengesuch sollte die folgenden Angaben enthalten:
- Gesuchte Position
- Ausbildung
- Alter
- Besondere Kenntnisse
- Ihr Nutzen für das Unternehmen
- Ihre Kontaktdaten

Ausnahme: Ein Stellengesuch in einer **Internet-Stellenbörse**. Da es wenig Zeit und Geld kostet, ist es einen Versuch wert. Sie können Ihr Bewerberprofil mit Details zu Ihrer Person und Ihrem beruflichen Werdegang angeben, und interessierte Unternehmen können sich dann per E-Mail an Sie wenden.

Auf Stellenausschreibungen antworten

Die Reaktion auf Stellenausschreibungen ist im Gegensatz zu Initiativ- und Kurzbewerbungen sowie Stellengesuchen die **passive Form** der Bewerbung. Diese sollten Sie, ergänzend zu aktiven Bewerbungen, ebenfalls nutzen, sich aber **nicht** ausschließlich darauf beschränken.

Je nachdem, wo Sie eine Stelle antreten wollen, sollten Sie die **regionalen** bzw. **überregionalen Zeitungen** nach interessanten Stellenangeboten durchsuchen. Überregionale Zeitungen werden besonders von größeren Unternehmen genutzt.

Die überwiegende Anzahl der in Deutschland überregional veröffentlichten Stellenanzeigen erscheint in *FAZ, Süddeutsche Zeitung, DIE WELT* und *DIE ZEIT*.

Frankfurter Allgemeine Zeitung (FAZ): Die Stellenangebote werden jeweils samstags in der *FAZ* und sonntags in der *Frankfurter Allgemeinen Sonntagszeitung* veröffentlicht. Der Schwerpunkt liegt im Bereich Banken und Versicherungen und Fach- und Führungskräfte, es finden sich auch internationale Stellenangebote. Es werden besonders Mitarbeiter für den Bereich Vertrieb und Beratungs- und Dienstleistungsspezialisten gesucht. Zusätzlich erscheint sechsmal jährlich der *Hochschulanzeiger* für Hochschulabsolventen und Berufseinsteiger.

Süddeutsche Zeitung (SZ): Sowohl Stellenangebote als auch Stellengesuche werden samstags veröffentlicht. Schwerpunkt ist der Bereich der Fach- und Führungskräfte, zusätzlich der Stellenmarkt im Ballungsraum München.

DIE WELT: Stellenangebote sind auf der Homepage unter dem Link „Marktplatz" und dann „Stellenmarkt" zu finden; es handelt sich um eine Kooperation mit *StepStone*. Das Spektrum ist dem der *FAZ* ähnlich, umfasst jedoch eher mehr Branchen.

DIE ZEIT: Im Gegensatz zu den drei oben genannten Tageszeitungen erscheint *DIE ZEIT* als Wochenzeitung, jeweils donnerstags. Es werden fast ausschließlich Stellenangebote für Führungspositionen veröffentlicht, in den Bereichen Lehre und Forschung, öffentlicher Dienst, Medizin und Biowissenschaften, Ingenieurwissenschaften und sozialer Bereich.

Für **kleinere und mittlere Unternehmen** ist eine Anzeige in diesen Medien jedoch häufig zu teuer. Darum weichen sie oft auf regionale Publikationen aus. Auch einschlägige **Fachzeitschriften** können passende Angebote enthalten, denn die Stellenausschreibungen dort erreichen die richtige Zielgruppe und sind in der Regel viel günstiger, in Verbandszeitschriften mitunter sogar kostenfrei. Und natürlich eignen sich die entsprechenden **Internet-Jobbörsen** (siehe Seite 42 f.) für die Recherche.

Erstellen Sie einen Zeitplan

Um Ihr Bewerbungsprojekt zielgerichtet voranzutreiben, sollten Sie die einzelnen Schritte planen und in Ihren Alltag integrieren. Eine gewisse festgelegte Struktur erhöht die Motivation oder hilft zumindest, der Gefahr der „Aufschieberitis" zu entkommen. Sie könnten zum Beispiel in einem Wochenplan festlegen, wann Sie

- offene Stellen und interessante Unternehmen recherchieren,
- mit Unternehmen telefonieren,
- Ihre Bewerbungsunterlagen erstellen.

Nehmen Sie sich dann vor, jede Woche zum Beispiel mindestens fünf Bewerbungen zu verschicken.

Beispiel Zeitplan
- Dienstag Vormittag: Stellen recherchieren
- Dienstag Nachmittag: telefonisch Kontakt aufnehmen
- Donnerstag Vormittag: Stellen recherchieren
- Donnerstag Nachmittag: telefonisch Kontakt aufnehmen
- Samstag Nachmittag: Unterlagen erstellen (individuelles Anschreiben, Lebenslauf anpassen)
- Montag: Bewerbungen versenden

1.2.1 Schriftliche Bewerbung

Warum ist die **formgerechte Präsentation** Ihrer Bewerbung so wichtig? Nun, für den ersten Eindruck gibt es keine zweite Chance. Ihre Bewerbungsunterlagen sind die erste „Arbeitsprobe", die ein potenzieller Arbeitgeber oder Personalleiter von Ihnen zu sehen bekommt.

Ihre Bewerbung muss **von Anfang an überzeugen**. Daraus ergeben sich folgende Anforderungen, wie Ihre Unterlagen gestaltet sein sollten:

- ansprechend aufgemacht,
- inhaltlich klar gegliedert,
- übersichtlich und
- vollständig.

Versetzen Sie sich einmal in die Position des Empfängers Ihrer Bewerbung. Es kann durchaus sein, dass er **Hunderte von Bewerbungen** erhält. Er möchte sich schnell zurechtfinden, will wissen, ob Behauptungen durch Fakten untermauert und seine Erwartungen (Anforderungen an den zukünftigen Stelleninhaber) erfüllt werden.

Es ist Ihre Aufgabe, **Interesse für Ihre Person** zu **wecken** und den Eindruck zu vermitteln, dass es sich lohnt, Sie zu einem Vorstellungsgespräch einzuladen.

> **TIPP** Muster für Bewerbungsunterlagen finden Sie in jedem Bewerbungsratgeber, auf diversen Internetseiten und auch auf den folgenden Seiten. Lassen Sie sich von ihnen inspirieren, aber kopieren Sie nicht einfach alles. Sie sollten Ihre Unterlagen immer auf sich selbst und die jeweilige Position bzw. das Unternehmen zuschneiden. Denn erfahrene Personaler bemerken den Unterschied sofort.

CHECKLISTE

Bewerbungsunterlagen

- Anschreiben
- Deckblatt
- Bewerbungsfoto
- Lebenslauf
- „Dritte Seite" (weitere Informationen zu Ihrer Person)
- Tätigkeitsbeschreibungen
- Verzeichnis der Zeugnisse
- Sämtliche Zeugnisse
- Nachweise über Zusatzqualifikationen/Weiterbildungen
- Liste der Veröffentlichungen

All diese Unterlagen ordnen Sie in einer robusten **Mappe** aus Pappe oder Plastik ein. Da Ihre Bewerbung vielleicht nicht bereits beim ersten Mal erfolgreich sein wird, ist es sinnvoll, wenn die Mappe einen mehrfachen Versand gut übersteht. Praktisch sind Klippmappen, weil man die Unterlagen schnell kopieren und wieder zusammenstecken kann. Verwenden Sie keine **Klarsichthüllen** für die einzelnen Blätter Ihrer Bewerbung, das führt beim Kopieren nur zu unnötigem Aufwand.

Wenn Sie sich an den folgenden Tipps orientieren, erreichen Sie automatisch die Ziele Übersichtlichkeit, klare Gliederung und Vollständigkeit.

CHECKLISTE

- Keine zu voll und eng beschriebenen Seiten. Vermeiden Sie eine „Bleiwüste", indem Sie ausreichend Rand lassen und Ihren Text in Absätze (jeweils eine Leerzeile) gliedern. Diese ergeben sich automatisch, wenn ein neues „Thema" beginnt oder wenn Sie eine Information deutlicher absetzen möchten.
- Verwenden Sie ein leicht lesbares Schriftbild. Verwenden Sie eine klare Schrift (Arial, Times New Roman und Courier) und wählen Sie als Schriftgröße 11 oder 12 Punkt. Schreiben Sie linksbündig und im Flattersatz, durch Blocksatz kommt es oft zu unschönen großen Lücken im Text.

- Schreiben Sie mit einzeiligem Abstand. 1,5-zeilig verbraucht zu viel Platz.
- Benutzen Sie Hervorhebungen, wie zum Beispiel Fettdruck (in Maßen).
- Möchten Sie etwas stichpunktartig in den Mittelpunkt rücken, können Sie auch im Anschreiben einige Aufzählungspunkte verwenden.
- Achten Sie auf saubere, knickfreie Unterlagen.
- Verwenden Sie griffiges Papier.
- Stellen Sie Ihre Unterlagen in einem Klemmhefter zusammen.

Orientieren Sie sich bezüglich der **Gesamtgestaltung** Ihrer Unterlagen immer an der **Branche**, in die Sie sich bewerben, und an der entsprechenden Position.

Ihr Anschreiben

Das Anschreiben legen Sie lose in oder auf Ihre Bewerbungsmappe, es bleibt in jedem Fall im Unternehmen.

In Ihr Anschreiben gehört ein vollständiger, simpler **Briefkopf** (Spielereien wie ein eigenes Logo wirken bei einer Stellenbewerbung unfreiwillig komisch):

- Vorname und Name
- Straße und Hausnummer
- PLZ und Ort
- Telefon, Fax
- Mobilnummer (falls Sie unterwegs ungestört telefonieren können)
- E-Mail-Adresse

Danach folgt die komplette **Anschrift des Unternehmens** mit dem Namen Ihres Ansprechpartners, den Sie vorher ermittelt haben. Geben Sie den Empfängernamen mit Anrede und Vor- und Zunamen an. Bei einem größeren Unternehmen ist die Angabe der Abteilung sinnvoll. Einen Persönlichkeitsvermerk schreiben Sie in die erste Zeile der Anschrift. Ein „z. Hd." oder „z. H." (zu Händen) ist veraltet, also bitte weglassen. Die Leerzeile zwischen Straße und Ort wird nicht mehr gesetzt. Eine Auslandskennung wie „D-" oder Ähnliches vor der Postleitzahl ist nur dann nötig, wenn die Bewerbung ins Ausland geht.

Das **Datum** setzen Sie oben rechts, die Angabe des Orts ist überflüssig. Letztere wird im Geschäftsleben nur dann gebraucht, wenn der Briefkopf verschiedene Adressen auflistet, damit erkennbar ist, woher ein Brief kommt.

Der Begriff „Betreff" wird heute nicht mehr verwendet. Vermerken Sie jedoch, auf welche Stelle Sie sich bewerben, zum Beispiel „Ihre Anzeige in der Süddeutschen Zeitung vom ..., Kennziffer 123". Setzen Sie den **Betreff** mit jeweils zwei Leerzeilen zur Firmenadresse und der Anrede ab. Sie können aber auch mehr Leerzeilen setzen, um Ihrem Anschreiben ein stimmigeres Layout zu geben, und den Betreff fett oder farbig drucken.

Der eigentliche Text Ihres Schreibens (Ihre **Selbstpräsentation**) sollte kurz und prägnant formuliert sein und eine Seite nicht überschreiten.

Unterschreiben Sie mit Ihrem Vor- und Zunamen. Als Privatperson müssen Sie Ihre **Unterschrift** nicht getippt wiederholen, da aus der Absenderadresse klar hervorgeht, wie Sie heißen.

Am Schluss fügen Sie das Wort „**Anlagen**" an, normalerweise ohne diese einzeln aufzulisten. Damit zeigen Sie an, dass Ihrem Brief weitere Dokumente beigefügt sind. Sie können aber auch alle Ihre Anlagen einzeln anführen.

Worauf sollten Sie bei der Formulierung achten? Stellen Sie sich die folgenden Fragen; die Antworten darauf ergeben den inhaltlichen Aufbau Ihres Anschreibens:

- Welche Position ist im Unternehmen zu besetzen?
- Welche Kernanforderungen werden an den Inhaber der Position gestellt?
- Welche meiner Fähigkeiten passen zu den gewünschten Qualifikationen?
- Wie stelle ich mich als interessanter Mitarbeiter dar?

Textlicher Aufbau des Anschreibens

Nach der persönlichen Anrede beginnen Sie mit einem **Aufhänger**. Dieser ergibt sich im Normalfall aus dem Telefonat, das Sie zuvor geführt haben, um den Namen Ihres Ansprechpartners oder weitere Informationen zu der angebotenen Stelle zu erfahren.

Im **Mittelteil** gehen Sie auf die gewünschten Anforderungen ein und belegen, warum Sie diesen entsprechen. Da Sie sich ausführlich mit der Potenzialanalyse beschäftigt haben, dürfte Ihnen das keine Schwierigkeiten bereiten. Stellen Sie sich vor allem als **Problemlöser** für das Unternehmen dar und zeigen Sie, dass ein **Schlüssel-Schloss-Verhältnis** zwischen Ihrem Angebot und der Nachfrage des Unternehmens besteht.

- Vermitteln Sie auch Ihre Motivation, sich zu bewerben. Belassen Sie es nicht nur beim üblichen „Ihre Stelle interessiert mich", sondern begründen Sie, was Sie an der Position oder am Unternehmen reizt.
- Stellen Sie Ihre Kenntnisse und Ihre fachliche Expertise dar und belegen Sie, welche Voraussetzungen Sie für die Stelle mitbringen.
- Gehen Sie auf Ihre Persönlichkeit ein. Und zwar nicht mit den üblichen Schlagwörtern (Ich bin kommunikativ, flexibel, teamfähig ...), die einfach nur aufgezählt werden, sondern beschreiben Sie in eigenen Worten, was Sie zu bieten haben.

Ihr Anschreiben muss dem Unternehmen klare Gründe liefern, warum man ausgerechnet Sie aus der Masse der Bewerber auswählen und einladen sollte.

MUSTER ANSCHREIBEN

Max Mustermann
Musterstraße 84
12345 Musterstadt
Tel. 0 57 43 / 6 66 66

Beispiel AG
Herrn Fritz Beispiel
Postfach 7 86 54
54321 Beispielstadt

23. Juli 2013

Ihre Anzeige in der Süddeutschen Zeitung vom 20. Juli 2013, Kennziffer 123

Sehr geehrter Herr Beispiel,

vielen Dank für das freundliche und informative Telefongespräch am 22.07.2013. Hiermit übersende ich Ihnen, wie besprochen, meine Bewerbungsunterlagen für die Position als ...
Vor Kurzem schloss ich mein Studium der ... mit der Gesamtnote 2 ab. Durch verschiedene Werkstudententätigkeiten konnte ich intensive Erfahrungen in den Bereichen ... und ... sammeln.
Die fachlichen Anforderungen, die Sie in Ihrer Anzeige nennen, kann ich erfüllen. So befasste sich meine Diplomarbeit mit ... Durch einen längeren Aufenthalt in Spanien verfüge ich außerdem über ausgezeichnete Spanischkenntnisse.
Meine Gehaltsvorstellungen liegen bei Euro ... p. a.
Auf ein persönliches Gespräch mit Ihnen freue ich mich sehr.

Mit freundlichen Grüßen

Max Mustermann

Anlagen

Im **Schlussteil** drücken Sie aus, dass Sie sich auf ein Vorstellungsgespräch oder persönliches Kennenlernen freuen, und beenden das Anschreiben mit der Grußformel „Mit freundlichen Grüßen" oder Ähnlichem.

Mögliche Formulierungen des Aufhängers

Sprechen Sie den Empfänger immer persönlich an, beginnen Sie also niemals mit „Sehr geehrte Damen und Herren". Nach der Anrede steht ein Komma, und der Brief beginnt klein geschrieben.

Mit „Sehr geehrte(r) Frau .../Herr ..." liegen Sie immer richtig, Sie können aber auch eine moderne Variante wählen.

- „Guten Tag, Herr Mustermann,
  auf Empfehlung von ... sende ich Ihnen meine Bewerbungsunterlagen für die Position als ... zu."
- „Hallo, sehr geehrte Frau Musterfrau,
  vielen Dank für das informative telefonische Gespräch am ... Gerne möchte ich für Ihr Haus tätig werden und schicke Ihnen darum meine Bewerbungsunterlagen für die Position als ... zu."
- „Sehr geehrter Herr Mustermann,
  vielen Dank für das freundliche Telefongespräch vom ... Hiermit übersende ich Ihnen, wie besprochen, meine Bewerbungsunterlagen für die Position ..."

Ein reines „Hallo" oder gar „Liebe/r" wäre zu persönlich oder zu locker, es sei denn, Sie hatten bereits einen freundlichen und positiven Kontakt oder kennen den Empfänger schon gut.

Mögliche Bausteine für den Mittelteil

- „In meiner Diplomarbeit habe ich mich mit ... beschäftigt."
- „Seit Kurzem bin ich Diplom-xyz. Mein Studium schloss ich nach 9 Semestern mit der Note gut ab."
- „Folgende Kenntnisse kann ich in Ihr Unternehmen einbringen ..."
- „Während meiner Praktika konnte ich in folgenden Bereichen Erfahrungen sammeln ..."
- „Eine praxisorientierte Ausrichtung meines Studiums war für mich wesentlich. Als Ergänzung der theoretischen Ausbildung leitete ich das Projekt ..."
- „Während meiner Ausbildung konnte ich analytische Fähigkeiten und Leistungsbereitschaft beweisen, indem ich ..."
- „Zudem konnte ich durch ein Auslandspraktikum meine Französischkenntnisse verbessern. Meine persönlichen Stärken sind Organisationsfähigkeit und Effektivität."
- „Auf dem Gebiet der ... möchte ich mich weiterentwickeln und suche daher nach einer Tätigkeit in einem international ausgerichteten Unternehmen."

Mögliche Formulierungen für den Schlussteil

- „Ich freue mich auf eine Einladung zu einem persönlichen Gespräch. Mit freundlichen Grüßen ..."
- „Gerne bringe ich meine Persönlichkeit und mein Fachwissen in einem erfolgreichen Unternehmen wie der (Firmenname) ein und freue mich schon jetzt auf ein Vorstellungsgespräch in Ihrem Haus.
Freundliche Grüße ..."
- Sie können aber bei der Grußformel auch eine modernere Variante wählen:
  - „Freundliche Grüße nach München"
  - „Viele Grüße und ein schönes Wochenende"
  - „Sommerliche Grüße aus Köln"

Die heikle Frage nach den Gehaltsvorstellungen

Falls das Unternehmen explizit darum gebeten hat, müssen Sie nun Farbe bekennen. Die Frage einfach zu ignorieren wäre unhöflich und könnte bedeuten, dass Ihre Bewerbung aussortiert wird. Denn für das Unternehmen ist es wenig sinnvoll, Sie einzuladen, wenn schon vorab klar ist, dass die gegenseitigen finanziellen Vorstellungen überhaupt nicht zueinander passen. Sie müssen sich bei der Angabe aber nur in einer gewissen akzeptablen Bandbreite bewegen.

Am besten platzieren Sie Ihre Gehaltsvorstellungen nach dem Mittelteil, beispielsweise so:

- Meine Gehaltsvorstellungen liegen bei 40.000 € p. a.
- Als Jahresbruttogehalt stelle ich mir 40.000 € vor.

ACHTUNG Verwenden Sie die **neue Rechtschreibung** und lassen Sie das Anschreiben, wenn irgend möglich, von jemandem **gegenlesen**, da Schreibfehler und fehlende Worte dem Verfasser selbst oft nicht auffallen.

Das Deckblatt

Nach dem Anschreiben folgt als erstes Blatt in der Bewerbungsmappe das Deckblatt. Sie geben dort die Position, auf die Sie sich bewerben, das Unternehmen, Ihren Namen und Ihre Adresse an. Das Bewerbungsfoto können Sie entweder hier oder in Ihrem Lebenslauf platzieren. Nehmen Sie für das Deckblatt ein etwas stärkeres Papier, damit die nachfolgende Seite nicht durchscheint.

Beispiele Deckblatt:

Bewerbung
als ...
der Muster AG
Beispielstadt

(Bewerbungsfoto)

Max Mustermann
Musterstraße 84
12345 Musterstadt
Tel. 0 57 43 / 6 66 66
E-Mail: m.mustermann@t-online.de

Bewerbung
als   ...
bei der   Muster AG
in   Beispielstadt
Anlagen   Lebenslauf
            Zu meiner Person
            Zeugniskopien

Max Mustermann
Musterstraße 84
12345 Musterstadt
Tel. 0 57 43 / 6 66 66

Ihr Bewerbungsfoto

Auch beim Bewerbungsfoto gilt: Es ist der **erste Eindruck**, den ein Personalverantwortlicher von Ihrem Äußeren erhält. Sie sollten sich der Bedeutung eines guten Bewerbungsfotos bewusst sein und mit einem entsprechend **professionellen Foto** aufwarten. Das Foto wird, ob unfair oder nicht, mitbestimmend sein, ob Sie zu einem Vorstellungsgespräch eingeladen werden. Ob das Bewerbungsfoto aufgrund des neuen AGG (Seite 17 f.) im Lauf der Zeit überflüssig wird, wird sich erst in den nächsten Jahren herausstellen.

ACHTUNG

- Verwenden Sie auf keinen Fall ein Automatenbild.
- Auch Urlaubs- oder Freizeitbilder sind völlig deplatziert.
- Gehen Sie zu einem guten Fotografen und lassen Sie dort mehrere verschiedene Porträtfotos anfertigen. Suchen Sie sich in Ruhe das beste davon aus.
- Wenn sich einer Ihrer Bekannten auf gute Fotografien versteht, können Sie sich jedoch auch privat fotografieren lassen und das Bild entsprechend bearbeiten/zuschneiden. Achten Sie in diesem Fall auf ein seriöses Setting (zum Beispiel in Bezug auf Hintergrund und Beleuchtung).
- Sie können sich entweder für ein Schwarzweiß- oder für ein Farbbild entscheiden; heute sind farbige Fotos eher die Norm, sie wirken etwas freundlicher. Ein Schwarz-weiß-Foto kann elegant, aber auch trist wirken. Sehen Sie sich vorher einige Musterbilder des Fotografen an.
- Üblich ist das Passbild-Format (4,5 x 3,5 cm) oder etwas größer (besonders, wenn Sie Ihr Porträt auf das Deckblatt kleben) als Portrait oder Halbportrait. Bei Letzterem sollte Ihr Gesicht im Mittelpunkt stehen und die Kleidung nicht zu viel Fläche einnehmen.
- Achten Sie darauf, dass Sie auf dem Bild seriös und dezent wirken. Ziehen Sie sich am besten so an, wie Sie auch zu einem Vorstellungsgespräch gehen würden; dies richtet sich wiederum stark nach der entsprechenden Branche. Frauen können lange Haare offen oder hochgesteckt tragen. Offene Haare sollten aber Ihr Gesicht nicht verdecken (das vermittelt den Eindruck, dass Sie sich verstecken möchten). Weibliche Bewerberinnen sollten auf zu tief ausgeschnittene T-Shirts/Tops, transparente Kleidung oder eine zu tief aufgeknöpfte Bluse verzichten.
- Beschriften Sie Ihr Bewerbungsfoto auf der Rückseite mit Ihrem Namen und Ihrer Adresse und befestigen Sie es mit Haftecken auf Ihrem Lebenslauf oder dem Deckblatt. Verwenden Sie keine Büroklammern, sie können sich ins Bild eindrücken und es damit unbrauchbar machen. Außerdem kann es auf diese Weise leicht verloren gehen.

Ihr Lebenslauf

CHECKLISTE

Der Leser will schnell alle wesentlichen Informationen über Ihren Lebenslauf erfassen können. Dieser muss enthalten:

- Persönliche Daten
- Berufserfahrung und Praktika
- Studium bzw. Berufsausbildung/Lehre
- Angaben zu Wehr- oder Zivildienst
- Schulausbildung
- Weiterbildungen und Zusatzausbildungen
- Besondere Kenntnisse
- (eventuell) Referenzen
- Hobbys sowie
- Ort, Datum, Unterschrift

Haben Sie noch **keine Berufserfahrung** und Ihre Praktika vor oder während des Studiums absolviert, so können Sie diese im Lebenslauf auch nach den Angaben zum Studium einfügen. Orientieren Sie sich beim Aufbau immer an dem Gedanken: Was ist für den Leser (Personalchef) das Wichtigste? So werden Sie schnell zu der korrekten Gewichtung gelangen.

CHECKLISTE

Achten Sie darauf, dass Ihr Lebenslauf:

- chronologisch gestaltet ist. Am meisten Sinn ergibt hierbei der **rückwärts chronologisch** gestaltete Lebenslauf, das heißt Sie beginnen mit der aktuellsten Information. Die Informationen, die den Leser am meisten interessieren, kommen also zuerst.
- **vollständig** ist und Lücken und Brüche so unauffällig wie möglich gestaltet sind. Das können Sie erreichen, indem Sie zum Beispiel nur Jahreszahlen angeben oder bei unwichtigen Nebenjobs die für den gewünschten Arbeitsplatz wichtigen Kompetenzen hervorheben.
- optisch **übersichtlich** gegliedert ist. Wenn Sie die tabellarische Form benutzen, ist das kein Problem. Achten Sie darauf, dass die Daten und Ereignisse optisch voneinander getrennt sind. Ihre persönlichen Daten stellen Sie als Block in die linke obere Seite Ihres Lebenslaufs, das Foto befestigen Sie rechts oben.
- **nicht mehr als zwei Seiten** umfasst. Sie müssen Ihre Daten jedoch keinesfalls, wie oft empfohlen, auf eine Seite pressen. Eine gewisse Auflockerung erleichtert die Übersichtlichkeit. Detail-Informationen zu bestimmten Tätigkeiten können Sie auch in einem Tätigkeitsprofil oder auf der „dritten Seite" unterbringen.

Natürlich fragen sich viele Bewerber, wie **ehrlich** sie bei der Abfassung eines Lebenslaufs bleiben müssen. In der Tat eine schwierige Frage, kennt doch jeder gewisse Lebenskünstler, deren Darstellung ihrer bisherigen Leistungen jeden vor Neid erblassen lassen, auch wenn im Endeffekt nicht allzu viel dahintersteckt.

Ganz klar, Sie sollten sich um eine **geschickte Darstellung** gewisser Umstände bemühen und auch keinesfalls Ihr Licht unter den Scheffel stellen. Auch sollten Sie versuchen, **für Lücken** oder **längere Auszeiten** positive **Erklärungen** zu finden oder diese eventuell etwas umzudeuten.

Lücken können speziell bei Berufsanfängern durch **bewusste Auszeiten** entstanden sein. Geben Sie also an, wenn Sie etwa eine lange Reise gemacht oder ein sogenanntes Sabbatjahr eingelegt haben, und schreiben Sie auch, welche neuen Fähigkeiten oder Erkenntnisse Ihnen dies gebracht hat. Besser als eine unerklärte Lücke sind solche Ausführungen auf jeden Fall.

> **TIPP** Layout für den Lebenslauf:
>
> - Quetschen Sie die einzelnen Rubriken nicht aneinander und halten Sie einheitliche Abstände ein.
> - Wählen Sie für die Überschriften eine größere Schrift oder betonen Sie sie durch Fettdruck.
> - Halten Sie die linke Spalte (die mit den Daten) so schmal wie möglich.
> - Schreiben Sie die Daten am besten in Zahlen (MM/JJ oder MM/JJJJ), da ausgeschriebene Monate unterschiedlich lang sind.

> **ACHTUNG** Doch bedenken Sie, dass Sie die Angaben in Ihrem Lebenslauf spätestens im Vorstellungsgespräch **überzeugend verkaufen und begründen** müssen. Und die Angabe von gewissen Kompetenzen, über die Sie nicht verfügen, kann im schlimmsten Fall zu einer **Anfechtung Ihres Arbeitsvertrags** durch den Arbeitgeber führen, was eine fristlose Kündigung zur Folge haben kann.

Die Elemente des Lebenslaufs im Einzelnen:

- **Persönliche Daten**

  Hier geben Sie Ihren Namen, Ihre komplette Anschrift inklusive Telefonnummer und E-Mail-Adresse, Ihre Berufsbezeichnung bzw. Ihren akademischen Titel an. Obwohl Sie Ihre **Kontaktdaten** schon im Anschreiben angeführt haben, ist eine Wiederholung im Lebenslauf sinnvoll, weil manche Firmen den Lebenslauf separat weitergeben oder eventuell sogar aufbewahren, selbst wenn sie die Bewerbung auf diese Stelle abgelehnt haben. Fehlt dann das Bewerbungsschreiben und ist der Lebenslauf ohne Kontaktdaten, ist eine spätere Kontaktaufnahme schwierig oder gar unmöglich. Zu den persönlichen Daten zählen weiterhin Geburtsdatum und -ort, die Angaben zum Familienstand (Anzahl der Kinder) und zu Ihrer Nationalität.

- **Berufserfahrung und Praktika**

  Führen Sie absolvierte Praktika und andere berufliche Tätigkeiten mit Name und Ort des Arbeitgebers und Monats- und Jahresangabe an.

- **Studium bzw. Berufsausbildung/Lehre**

  Beim Studium geben Sie die **Art der Hochschule** (FH/Universität), den Studienort, die Fachrichtung und Ihre Schwerpunkte an. Verweisen Sie gesondert auf das Thema Ihrer **Bachelor-, Master- oder Diplomarbeit** und geben Sie die betreffende Note an. Hier können Sie auch im **Ausland** verbrachte Semester anführen oder auf ein **Aufbaustudium** oder eine **Promotion** verweisen. Haben Sie Ihr Studium ohne Abschluss beendet, nennen Sie trotzdem sämtliche relevante Informationen; eine Erklärung zum fehlenden Abschluss kann dann im Anschreiben stehen.

- **Angaben zu Wehr- oder Zivildienst**

  Führen Sie an, wann und wo Sie den jeweiligen Dienst abgeleistet haben. Vielleicht können Sie hier sogar **erste Berufserfahrungen** nachweisen. Sollten Sie nicht zum Wehr- oder Zivildienst herangezogen worden sein, sollten Sie das ebenfalls vermerken.

- **Schulausbildung**

  Nennen Sie glatte Jahreszahlen, die Schularten und -orte. Sie können bei einem guten Ergebnis den Abiturdurchschnitt nennen. Haben Sie Ihr Abitur auf dem zweiten Bildungsweg gemacht, so spricht das durchaus für Sie, also erwähnen Sie es.

- **Weiterbildungen und Zusatzausbildungen**

  Sie sollten nur Weiterbildungen nennen, die etwas mit Ihrer beruflichen Qualifikation zu tun haben.

- **Besondere Kenntnisse**

  Zu den sogenannten Zusatzqualifikationen gehören Sprach- und EDV-Kenntnisse und sonstige zusätzliche Kenntnisse.

- **Hobbys**

  Bei der Nennung Ihrer Hobbys ist eine gewisse Vorsicht angebracht. Zum einen sollten Sie im Vorstellungsgespräch auch in der Lage sein, Fragen zu Ihren Angaben zu beantworten. Beispiel: „Sie interessieren sich für Literatur. Welches Buch lesen Sie gerade?" Zum anderen müssen Sie damit rechnen, dass immer gewisse (und noch dazu von Person zu Person unterschiedliche) Vorurteile in Hobbys hineininterpretiert werden. So kann der Personalchef, wenn Sie ihm als Ihre liebste Freizeitbeschäftigung Bungeespringen nennen, schon mal Angst um die körperliche Unversehrtheit seines zukünftigen Mitarbeiters bekommen, obwohl Sie vielleicht nur Ihre Dynamik betonen wollten.

- **Ort, Datum, Unterschrift**

  Am Schluss des Lebenslaufs geben Sie den Ort und das (aktuelle) Datum an und unterschreiben ihn.

MUSTER LEBENSLAUF

Max Mustermann
Musterstraße 84
12345 Musterstadt
Tel. 0 57 43 / 6 66 66

Persönliche Daten
Geburtsdatum: 14. Juli 1987
Geburtsort: Musterstadt
Familienstand: ledig
Staatsangehörigkeit: BRD

Studium
10/06–09/12   Universität: _____
               Fachrichtung: _____
               Abschluss: _____
               Schwerpunkte: _____
               Diplomarbeit: _____

Werkstudententätigkeiten/Praktika
03/10–04/11   _____
05/09–07/09   _____
08/07–10/07   _____
Schulausbildung
1997–2006   Albert-Friedrich-Gymnasium in Musterstadt, Abiturnote 1,8
1993–1997   Hennenloh-Grundschule in Musterstadt
Hobbys   Tennis und moderne Literatur

Musterstadt, 23. Juli 2013   _____
                                           Max Mustermann

Obwohl die Angabe von **Referenzen** in Deutschland nicht mehr allgemein üblich ist, kann ein entsprechender Hinweis grundsätzlich nicht schaden. Selbst wenn der Personalverantwortliche im Unternehmen die betreffende Person nicht tatsächlich kontaktiert, kann das Vorhandensein einer Referenz positiv wirken.

Voraussetzung ist allerdings, dass die genannte Person im **Zusammenhang mit der Bewerbung** stehende **positive Aussagen** über Sie und Ihre Arbeitsweise machen kann (also nicht etwa Onkel Karl oder Oma Lisa). Infrage kämen etwa einer Ihrer Professoren oder Ihre direkte Vorgesetzte während einer Werkstudententätigkeit. Fragen Sie aber immer nach, ob Sie die betreffende Person als Referenz nennen dürfen und welche **Kontaktmöglichkeiten** ihr angenehm wären.

Am besten platzieren Sie Ihre Referenzen noch vor den Hobbys/Interessen im Lebenslauf, und zwar mit Vorname und Name (gegebenenfalls Titel), Unternehmen/Organisation und Kontaktmöglichkeiten.

Die „dritte Seite"

Weitere Informationen zu Ihrer Person bringen Sie auf der sogenannten dritten Seite unter. Dorthin gehören alle Angaben, die Sie für **beruflich wichtig** halten und die weder in das Anschreiben noch in den Lebenslauf passen.

Durch diese „dritte Seite" wird Ihr Lebenslauf wesentlich übersichtlicher, da Sie nicht sämtliche wichtige Informationen über sich in diesen hineinpressen müssen.

Das Blatt legen Sie **hinter dem Lebenslauf** ab, daher auch seine Bezeichnung. Auch mit einer Liste Ihrer Publikationen oder mit **Tätigkeitsbeschreibungen** können Sie so verfahren.

Hier können Sie sich äußern:

- zu Ihrer Motivation („Meine Ziele", „Perspektiven"),
- zu Kenntnissen, Erfahrungen oder besonderen Fertigkeiten („Ich bin …", „Meine Stärken …"),
- zu dem Grund, warum die Firma Sie einstellen sollte („Warum Sie sich für mich entscheiden sollten"),
- zur eigenen Person („Mir ist wichtig", „Mein Motto", „Meine Hobbys/Interessen").

Beschränken Sie sich jedoch nicht auf die üblichen **Schlagworte**, sondern nutzen Sie diese Sonderseite dazu, sich durch spezielle Informationen und/oder Erklärungen hervorzuheben.

Versehen Sie die dritte Seite zum Beispiel mit den **Überschriften** „Was Sie sonst noch über mich wissen sollten", „Tätigkeitsbeschreibungen", „Berufserfahrungen" oder „Liste meiner Publikationen".

Mit einem **Tätigkeitsprofil** beschreiben Sie bestimmte berufliche Erfahrungen genauer und können so Ihre Qualifikation unterstreichen, etwa wenn Sie sich für eine Stelle bewerben, für die Sie auf den ersten Blick nicht die richtigen Fachkenntnisse besitzen.

Versuchen Sie auch hier, speziell auf die in der Anzeige geforderten Eigenschaften einzugehen.

Zeugnisse

Generell sollten Sie niemals Originale, sondern **ausschließlich Kopien** verschicken. Auch Beglaubigungen von Zeugniskopien sind nicht nötig; diese wird das Unternehmen, wenn überhaupt, erst zu einem späteren Zeitpunkt von Ihnen verlangen.

Versenden Sie ordentliche, das heißt **saubere und knickfreie Kopien**, damit Sie nicht den Eindruck erwecken, diese schon mehrere Male verwendet zu haben.

CHECKLISTE

Sortieren Sie Ihre Zeugnisse zuerst thematisch nach

- Berufstätigkeit (Arbeitszeugnisse),
- Ausbildung (Hochschul- und Abiturzeugnis),
- Praktika/Werkstudententätigkeiten,
- Weiterbildungen,
- sonstigen Tätigkeiten (wissenschaftliche Mitarbeit, Tutorentätigkeiten, freie Mitarbeit, Mitarbeit in Fachschaften etc.).

Innerhalb der einzelnen Themengebiete gehen Sie dann chronologisch vor und beginnen immer mit dem aktuellsten Zeugnis. Wenn Sie viele Zeugnisse vorweisen können, sollten Sie ein gesondertes Verzeichnis erstellen.

ACHTUNG Achten Sie bei der Zusammenstellung Ihrer Zeugnisse auf **Lückenlosigkeit und Vollständigkeit** und überprüfen Sie, ob die Daten mit den Angaben in Ihrem Lebenslauf übereinstimmen.

Bewertungen in Zeugnissen

Bedenken Sie bei den Formulierungen in Zeugnissen, dass diese immer wohlwollend gestaltet sein müssen. Daher werden Sie nie auf eine offensichtlich schlechte Bewertung stoßen. Achten Sie also auf die **feinen Nuancen**, die Sie beispielhaft aus der folgenden Tabelle ersehen können:

Benotung	Formulierung
Sehr gut	„Hat die ihr/ihm übertragenen Aufgaben stets zu unserer vollsten Zufriedenheit erledigt." „Wir waren mit seinen/ihren Leistungen stets sehr zufrieden."
Gut	„Hat die ihr/ihm übertragenen Aufgaben stets zu unserer vollen Zufriedenheit erledigt." „Wir waren mit seinen/ihren Leistungen voll und ganz zufrieden."
Befriedigend	„Hat die ihr/ihm übertragenen Aufgaben zu unserer vollen Zufriedenheit erledigt." „Wir waren mit seinen/ihren Leistungen voll zufrieden."
Ausreichend	„Hat die ihr/ihm übertragenen Aufgaben zu unserer Zufriedenheit erledigt." „Wir waren mit seinen/ihren Leistungen zufrieden."
Mangelhaft	„Hat die ihr/ihm übertragenen Aufgaben im Großen und Ganzen zu unserer Zufriedenheit erledigt." „Seine/Ihre Leistung hat unseren Erwartungen entsprochen."

Versand der Bewerbung

Überprüfen Sie Ihre gesamte Bewerbung vor dem Versand noch einmal auf die wichtigsten Punkte:

CHECKLISTE

Vor dem Versand

- Anschreiben lose beigelegt?
- Ort und Datum angegeben?
- Anschrift vollständig und korrekt?
- Korrekte Anrede des Ansprechpartners?
- Gute Einleitung?
- Qualifikationen interessant geschildert?
- Lücken im Lebenslauf begründet?
- Gehaltsvorstellung genannt (falls gewünscht)?
- Möglichen Starttermin genannt?
- Alle Anlagen vorhanden?
- Richtig sortiert?
- Ordentliche Bewerbungsmappe?
- Saubere und knickfreie Unterlagen?
- Umschlag fest verschlossen?
- Absender vollständig und korrekt?
- Ausreichend frankiert?

ACHTUNG In Ausnahmefällen (etwa wenn Sie eine Anzeige zu spät gesehen haben) kann es vorkommen, dass Sie einen **Stichtag** für die Abgabe der Bewerbung nicht einhalten können. Rufen Sie dann beim Unternehmen an und machen Sie das Angebot, parallel zum Versand Ihrer kompletten Bewerbungsmappe Ihre Unterlagen zu faxen oder per E-Mail zu senden.

Personalfragebogen

Einige Firmen versenden nach Eingang der Unterlagen einen Personalfragebogen an die Bewerber, da so zum einen von allen Bewerbern einheitliche und damit **vergleichbare Informationen** vorliegen und zum anderen eventuell **fehlende Informationen** abgedeckt werden.

Es gibt zwar keine einheitlichen Standard-Fragebögen, meist werden jedoch zu den folgenden Bereichen **Angaben** verlangt:

- Angaben zu Ihrer Person und Familie,
- Gesundheitszustand/Schwerbehinderung,
- Schul- und Berufsausbildung,
- Wehr- oder Zivildienst,
- Beruflicher Werdegang,
- Zusatzqualifikationen,
- Frühester Eintrittstermin,
- Bisheriges Einkommen und Gehaltsvorstellung.

ACHTUNG Füllen Sie den Fragebogen sorgfältig aus und achten Sie vor allem darauf, dass sich Ihre Angaben im Fragebogen und in Ihren Bewerbungsunterlagen nicht unterscheiden. Beantworten Sie alle Fragen wahrheitsgemäß, denn falsche Angaben könnten zu einer Anfechtung Ihres Arbeitsvertrags führen.

Wie im Vorstellungsgespräch brauchen Sie auch hier Fragen, die Ihre **Privatsphäre** berühren, nicht zu beantworten. Dazu gehören:

- Frühere Krankheiten,
- Schwangerschaft und Familienplanung,
- Vorstrafen ohne Bezug zur Berufstätigkeit,
- Religions-, Partei-, Gewerkschaftszugehörigkeit,
- Vermögensverhältnisse, außer bei leitenden Angestellten oder bei besonderer Vertrauensstellung.

Lassen Sie sich mit dem Ausfüllen nicht zu lange Zeit und machen Sie eine Kopie, bevor Sie den Fragebogen an das Unternehmen zurückschicken.

1.2.2 Internet-Bewerbung

Mit dem Siegeszug des Internets hat sich inzwischen die Online-Bewerbung als gleichwertige Alternative zur klassischen Bewerbung etabliert. Stellenangebote finden Sie im Netz heutzutage für nahezu alle Branchen und Qualifikationen.

Meist werden Sie in der Stellenausschreibung schon einen Hinweis finden, ob eine Bewerbung per E-Mail oder eine klassische Bewerbungsmappe erwünscht ist. Halten Sie sich daran, denn manchmal möchten selbst Firmen, die online suchen, keine elektronische Bewerbung erhalten. Wenn Sie bezüglich der gewünschten Form unsicher sind, fragen Sie telefonisch oder per E-Mail im Unternehmen nach.

Die **Vorteile** sind klar: Die Online-Bewerbung ist für alle Beteiligten schneller und kostengünstiger und der Bewerber zeigt automatisch, dass er mit der diesbezüglichen Technik keine Schwierigkeiten hat.

Für die strategische Planung Ihres Vorgehens und die klare Festlegung Ihrer Berufs- und Bewerbungsziele gelten die gleichen Hinweise wie bei der klassischen Variante.

ACHTUNG Bedenken Sie jedoch, dass Sie bei der Abfassung der Bewerbung per E-Mail genauso **sorgfältig** vorgehen müssen wie bei einer klassischen Bewerbung. Leider verführt die Schnelligkeit und scheinbar weniger formelle Umgebung des Netzes Bewerber immer wieder zu **Flüchtigkeitsfehlern** und **flapsig formulierten** Anschreiben. Ein todsicheres K.o.-Kriterium!

Das Internet eignet sich übrigens außer zur Abfassung der multimedialen Bewerbung auch hervorragend zur **Recherche offener Stellen**.

Jobbörsen und Job-Suchmaschinen

Jobbörsen bieten zahlreiche Vorteile: Sie sind in den allermeisten Fällen tagesaktuell, manche Angebote werden sogar mehrmals am Tag aktualisiert; die Kosten für die Unternehmen sind im Vergleich zu überregionalen Zeitungen geringer und Bewerber, die auf Anzeigen im Internet reagieren, sind dieser Technik gegenüber zumindest aufgeschlossen und beherrschen die entsprechenden Grundkenntnisse.

Für Sie als Bewerber ist eine Online-Recherche komfortabel, schnell und effektiv. Zudem erhalten Sie oft auch die Möglichkeit, ein Stellengesuch aufzugeben.

ETABLIERTE JOBBÖRSEN

- www.absolventa.de
- www.akademiker-online.de
- www.academics.de
- www.alma-mater.de
- www.berufsstart.de
- www.deutscher-stellenmarkt.de
- www.jobpilot.de
- www.jobscout24.de
- www.karriere.de
- www.monster.de
- www.staufenbiel.de
- www.stellen-online.de
- www.stellenmarkt.de
- www.stepstone.de

Speziell für Ingenieure:
- www.ingenieurkarriere.de
- www.ingenieur24.de
- www.ingenieurweb.de

Speziell für Wirtschaftswissenschaftler:
- www.jobeinstieg.de/wirtschafts wissenschaften
- www.jobwiwi.de

> **TIPP** Private Stellengesuche sind – von branchenspezifischen Jobbörsen abgesehen – für die Bewerber kostenlos. Nur die inserierenden Firmen müssen für die Veröffentlichung der Stellen bezahlen.

Unter www.stellenboersen.de finden Sie einen Überblick über das breite Angebot von Jobbörsen im Internet.

Job-Suchmaschinen suchen im Angebot von mehreren Jobbörsen gleichzeitig nach der für Sie passenden Stelle.

WICHTIGE SUCHMASCHINEN

- www.jobworld.de
- www.jobrobot.de
- www.jobturbo.de
- www.jobsafari.de

Bewertung von Jobbörsen

Es gibt jedoch große Unterschiede hinsichtlich Umfang des Angebots und der Aktualität zwischen den einzelnen Anbietern. Auf die folgenden **Kriterien** sollten Sie achten:

Ausrichtung

Je allgemeiner die Jobbörse strukturiert ist, desto größer muss der gesamte Datenbestand sein, damit in der Auswahl auch ein passendes Angebot für Sie dabei sein wird. Je branchenspezifischer oder regionaler die Jobbörse aufgebaut ist, desto kleiner kann der Datenbestand sein und trotzdem noch ein für Sie interessantes Angebot enthalten.

Suchfunktion

Achten Sie auf eine komfortable Suchfunktion, damit Sie nicht Hunderte für Sie irrelevante Angebote durchblättern müssen oder sogar interessante Anzeigen übersehen. Als Minimum sollten Ihnen die Auswahl von Region, Branche oder ein Tätigkeitsfeld sowie eine Volltextsuche, mit der Sie alle Offerten nach den für Sie relevanten Wörtern durchsuchen können, zur Verfügung stehen.

Informationstiefe

Wie umfassend sind die angebotenen Informationen? Selbstverständlich sollten sein:

- Detaillierte Beschreibung der Stelle und des Unternehmens,
- Angaben zum Tätigkeitsort,
- Anforderungen an den Bewerber,
- Einstellungstermin,
- Gehalt,
- Kontaktadresse.

Aktualität

Je aktueller, desto besser! Manche Jobbörsen werden sogar mehrmals täglich aktualisiert. Doch nicht alle Jobbörsen werden tatsächlich gut gepflegt. Akzeptabel ist dies nur, wenn bei einer gleichzeitigen Veröffentlichung in Zeitschriften oder Zeitungen gewartet wird, bis das jeweilige Printmedium erschienen ist.

Personalisierung

Ein guter Service ist es, wenn Sie die jeweilige Jobbörse an Ihre persönlichen Bedürfnisse anpassen können, also zum Beispiel Ihre Suche mit den entsprechenden Suchkriterien abspeichern können. Die meisten Jobbörsen verschicken auch E-Mails mit den aktuellen Ergebnissen Ihrer Suche.

Tipps und Informationen

Viele Jobbörsen stellen Informationen rund um die Bewerbung und zu Vorstellungsgesprächen, Gehaltsrechner etc. zur Verfügung. Auch Chats oder Foren, in denen Sie sich mit Gleichgesinnten austauschen können, gehören oft zum Angebot.

CHECKLISTE

Qualitätskriterien

- Großes Angebot
- Aktualität
- Diverse Suchkriterien
- E-Mail-Information über passende Angebote
- Zusätzliche Informationen
- Übersichtlichkeit, klarer Menü-Aufbau

Die Online-Bewerbung

Bei vielen Stellenangeboten im Internet, aber auch immer häufiger bei herkömmlichen Printanzeigen werden Sie aufgefordert, sich online zu bewerben. Oft treffen die Unternehmen anhand dieser Information jedoch nur eine grobe Vorauswahl. Ist Ihre Bewerbung von Interesse, müssen Sie durchaus mit der Aufforderung rechnen, Ihre (klassische) Bewerbungsmappe nachzureichen. Bereiten Sie also unbedingt auch Ihre schriftlichen Unterlagen vor, damit Sie im Fall des Falles nicht in die Bredouille geraten!

Was Sie im Vorfeld erledigen sollten

Informieren Sie sich zuerst über die **Aktualität der Offerte**. Ist die Anzeige schon einige Tage alt, rufen Sie im Unternehmen an und erkundigen sich, ob die Stelle noch frei ist. Mit diesem Telefonat können Sie auch den Namen des richtigen Ansprechpartners erfahren. Beachten Sie hierfür die Tipps im Abschnitt „Telefonische Anfragen", Seite 22 f.

Zur passgenauen Gestaltung Ihrer Bewerbung müssen Sie nun möglichst viele **Informationen** über das Unternehmen bzw. die betreffende Stelle **recherchieren**. Die erste Anlaufstelle ist die **Webseite des Unternehmens** (leicht zu finden über Suchmaschinen oder Web-Kataloge). Es gibt auch verschiedene Firmen- und Brachenverzeichnisse, in denen Sie nach Unternehmens-Webseiten suchen können.

- www.allesklar.de
- www.europages.de
- www.seibt.de
- www.wlw.de

Auf der Firmen-Webseite finden Sie oft zahlreiche Informationen, wie etwa zur Produkt- oder Dienstleistungspalette, zur Anzahl der Mitarbeiter, zur Firmenstruktur oder zur Firmengeschichte. Der Auftritt im Netz erlaubt Ihnen auch Rückschlüsse auf die Corporate Identity des Unternehmens. Zeigen Sie, dass Sie sich mit dem Unternehmen beschäftigt haben, indem Sie Ihre Bewerbung auf den Stil der Firma abstimmen.

Nur einen Klick entfernt befinden sich im Internet oft die **Homepages der Konkurrenz**. Ein Besuch lohnt sich. Auch Marktstudien, Wirtschaftnachrichten etc. sind im Netz mit relativ geringem Aufwand zu finden. All diese Angaben liefern Ihnen wertvolle Hinweise für Ihre Bewerbung und auch das Vorstellungsgespräch.

Bewerbungsvarianten

Für Ihre Online-Bewerbung kommen folgende Möglichkeiten in Betracht:

- Bewerbungsformular,
- Kurzbewerbung per E-Mail,
- Komplette E-Mail-Bewerbung,
- Bewerbungs-Webseite,
- Bewerbungs-CD.

Bewerbungsformular

Hat das Unternehmen schon ein Bewerbungsformular zur Verfügung gestellt, müssen Sie es nur noch ausfüllen und per Mausklick versenden. Wenn die Bewerberverwaltung komplett elektronisch vonstatten geht, ist dieses Formular sogar die Voraussetzung dafür, dass Ihre Bewerbung überhaupt akzeptiert wird.

Vorteil für die Unternehmen: Kein Sachbearbeiter muss mehr die notwendigen Daten in das Programm eintippen, das erledigen die Bewerber selbst. Und alle Bewerbungen liegen in vergleichbarer, weil identischer Form vor.

Doch Vorsicht: Aufgrund der **starren Schemata** können Sie hier kaum Ihre persönlichen Qualifikationen hervorheben. Zum Trost sei gesagt, dass anhand dieser Formulare nur eine Vorauswahl vorgenommen wird. Passen Sie also ins grobe Raster, werden Sie aufgefordert werden, Ihre ausführlichen Unterlagen per E-Mail oder auf dem Postweg nachzureichen.

> ACHTUNG Es ist immer hilfreich, wenn Sie sich das Formular vor dem Ausfüllen **herunterladen** und/oder **ausdrucken**. Dann können Sie in Ruhe Ihre Antworten formulieren und sie später in das Formular übertragen. Außerdem erhalten Sie so eine Kopie, damit Sie auch später noch wissen, was Sie angegeben haben.

Häufig kommt es vor, dass der Platz im Formular für Ihre Angaben aus dem Lebenslauf nicht ausreicht. Dann versuchen Sie, die Felder so korrekt wie möglich auszufüllen und verwenden eventuell vorhandene Freitextfelder für Erklärungen.

 TIPP Sofern auch das überhaupt nicht klappt, bewerben Sie sich per E-Mail oder schicken Ihre Unterlagen mit der Post. Erklären Sie, dass Sie das Online-Formular verwenden wollten, Ihre Angaben darin aber nicht unterbringen konnten.

Kurzbewerbung per E-Mail

Sie ist dem Bewerbungsformular, wenn möglich, vorzuziehen, da Ihnen die individuelle Gestaltung vielfältige Möglichkeiten eröffnet. Die Kurzbewerbung beinhaltet das Anschreiben und den Lebenslauf.

Beachten Sie dabei die folgenden Punkte:

Auf **Adressen** wie info@beispielfirma.de, webmaster@beispielfirma.de oder mailservice@beispielfirma.de sollten Sie sich grundsätzlich nicht bewerben. Um den **richtigen Ansprechpartner** zu ermitteln, können Sie im Unternehmen anrufen oder eine kurze E-Mail an die Ihnen bekannte Adresse schicken.

> **Beispiel E-Mail-Anfrage**
>
> **An**: info@beispielfirma.de
> **Betreff**: Anfrage Bewerbung
> **Text**: Guten Tag! Bitte teilen Sie mir Namen und E-Mail-Adresse der Leiterin/des Leiters Ihrer Personalabteilung (der Leiterin/des Leiters der Fachabteilung xy ...) mit.
> Vielen Dank bereits im Voraus.
> Mit freundlichen Grüßen
> (Unterschrift)

Verfassen Sie das **Anschreiben** direkt im E-Mail-Textfeld. Verweisen Sie darin auf eventuelle Anhänge (also Lebenslauf, bei der kompletten Bewerbung auch Zeugnisse etc.). Speichern Sie Anhänge unter eindeutigen Dateibezeichnungen ab, am besten mit Ihrem Namen. **Beispiel**: M_Musterfrau_Lebenslauf.doc

Erforderlich ist eine **aussagekräftige Betreffzeile**, damit die Bewerbung der entsprechenden Stelle zugeordnet und weitergeleitet werden kann. Die Betreffzeile ist auch deswegen so wichtig, weil E-Mails leicht durch einen Klick ungelesen im Papierkorb landen. Schreiben Sie genau, worauf Sie sich bewerben, und geben Sie auch etwaige Kennzahlen oder interne Nummern an. Schicken Sie eine elektronische Bewerbung immer an eine Person, nur im Notfall an eine Abteilung, dann fügen Sie aber am besten den Namen Ihres Ansprechpartners an. **Beispiel**: An Max Mustermeier: Bewerbung als ..., Kennziffer xyz

Wählen Sie eine **Standardschrift** (zum Beispiel Arial, Courier oder Times New Roman). Eine dem Empfänger-PC unbekannte Schriftart wird in eine vorhandene umgewandelt, und das kann zu einer unschönen Verschiebung des Layouts führen. Wenn Sie Text von einem anderen Programm in die E-Mail kopieren, kann auch das diesen Effekt hervorrufen.

> **TIPP** Schicken Sie die E-Mail vorab an sich selbst, dann können Sie sehen, wie sie auf dem Bildschirm dargestellt wird.

Verzichten Sie generell auf die **Formatierung** (zum Beispiel Schriftfarbe) Ihrer Mail, da diese Formatierungen nicht von allen Mailprogrammen gelesen werden können. Schließlich möchten Sie nicht, dass beim Empfänger nur Datensalat ankommt.

> **ACHTUNG** Lassen Sie sich nicht zu **Rechtschreib- und Flüchtigkeitsfehlern** und einem zu **saloppen Stil** verführen. Auch Abkürzungen, HTML-Codes oder Smileys und Ähnliches sind tabu!

Auf dem Bildschirm werden Tippfehler leicht übersehen. Drucken Sie das Anschreiben vor dem Versand aus und überprüfen Sie es auf Fehler, lassen Sie es am besten von jemandem gegenlesen.

Schließen Sie mit **Ihrem vollständigen Namen** inklusive **Adresse** und **Telefonnummer**, am besten mit einer sogenannten **Signatur**: Dafür setzen Sie die betreffenden Daten – etwa mit Sternchen von der restlichen E-Mail getrennt – an das Ende Ihres Textes. Die Signatur lässt sich auch in Ihrem E-Mail-Programm abspeichern und dann bei Bedarf einfügen.

Muster E-Mail-Signatur

****
Max Mustermann
Musterstraße 12
34567 Musterstadt
Tel. (0 00) 12 34 56 78
E-Mail: max.mustermann@domain.de
****

Verwenden Sie eine **seriöse Mailadresse**, private Scherz-Adressen (langerlulatsch@domain.de) oder Spitznamen (schnuckelchen@domain.de) sind bei einer Bewerbung absolut tabu. Kostenfreie E-Mail-Postfächer erhalten Sie übrigens bei sogenannten Freemail-Anbietern (zum Beispiel gmx.de, yahoo.de oder web.de).

Verwenden Sie die **gleiche Sorgfalt** wie für eine konventionelle Bewerbung, was die individuelle Ausrichtung am Unternehmen angeht. Wenn sich erkennen lässt, dass Sie eine Serien-E-Mail verschickt haben, werden Sie höchstwahrscheinlich eine Absage erhalten.

Bieten Sie an, die **vollständigen Unterlagen** schriftlich nachzureichen.

Überprüfen Sie regelmäßig Ihr E-Mail-Postfach und **reagieren Sie zügig** auf eine Antwortmail oder einen Anruf auf Ihrem Anrufbeantworter.

Komplette E-Mail-Bewerbung

Wenn Sie Ihre gesamte Bewerbung per E-Mail verschicken, gelten die gleichen Kriterien wie für die Kurzbewerbung per E-Mail, nur dass Sie eben neben dem Anschreiben noch Ihre Unterlagen einscannen und mitschicken müssen.

- Achten Sie bei mitgeschickten **Dateien** (etwa eingescannten Zeugnissen) auf **gängige Formate**, damit der Adressat die Unterlagen problemlos lesen kann. Für Textdateien empfehlen sich .doc-Dateien, für eingescannte Dokumente das pdf-Format, für Bilder .jpg-Dateien. Am besten fragen Sie vorher beim Empfänger nach, ob und in welchem

Format Sie Dateien mitschicken können, damit Ihre Bewerbung nicht, etwa aus Angst vor Viren, gleich ungeöffnet im Papierkorb landet.

- Die Dateianhänge sollten nicht zu groß sein, damit eine **überlange Ladezeit** den Adressaten nicht zum Abbruch verführt. Komprimierte Dateien können problematisch sein, weil der Empfänger das entsprechende Programm zum Entpacken benötigt.
- Prüfen Sie Ihre Dateianhänge vor dem Versand mit einem aktuellen (!) **Virenscanner**.
- Optimieren Sie Ihr **eingescanntes Foto** mit einem Bildbearbeitungsprogramm, etwa wenn Ihre Vorlage zu groß ist. Verringern Sie die Auflösung und die Anzahl der Farben und komprimieren Sie das Foto. Experimentieren Sie mit Probeausdrucken, bis Sie die optimale Bildqualität erreicht haben. Wenn Ihnen die nötige Erfahrung für diese Prozedur fehlt, können Sie auch bei Ihrem Fotografen oder einem Copyshop nachfragen, ob diese Dienstleistung angeboten wird.

Bewerbungs-Webseite

Über Ihren Provider, Ihren Onlinedienst oder über zahlreiche Anbieter von kostenlosem Web-Space können Sie auch Ihre eigene Bewerbungs-Webseite ins Netz stellen und in Ihrem Anschreiben der Kurzbewerbung darauf verweisen. Denken Sie in jedem Fall daran, Ihre Bewerbungs-Webseite von einer eventuell vorhandenen **privaten Homepage** zu trennen.

Bei der Gestaltung sollten Sie nach den Kriterien **Professionalität** und **Seriosität** vorgehen. Auf Ihrer Homepage sollten die folgenden Fragen beantwortet werden:

- Name des Bewerbers,
- Wohnort,
- Ausbildung/Beruf,
- Besondere Qualifikationen/Fähigkeiten,
- Angestrebte Stellung,
- Kontaktdaten (Telefon/E-Mail).

Verschrecken Sie potenzielle neue Arbeitgeber nicht durch grelle Effekte, unruhiges Design und vielfältigen Schnickschnack, der eventuell zu einer **überlangen Ladezeit** führt. Für Ihren Lebenslauf, Zeugnisse etc. können Sie spezielle Links anlegen.

Eine gewisse Vertraulichkeit können Sie im Internet mittels **Passwortschutz** Ihrer Webseite gewährleisten. Die Zugangsdaten geben Sie dann in Ihrer Bewerbung an, sie sollten allerdings nicht zu kompliziert sein.

> **TIPP** Sie können bei den Zugangsdaten zum Beispiel als Passwort den Firmennamen des Unternehmens angeben, bei dem Sie sich gerade bewerben.

Grundsätzlich stellt sich jedoch die Frage, wie sinnvoll die eigene Bewerbungs-Webseite wirklich ist. Wird sich Ihr Adressat im Unternehmen die Mühe machen, sie extra anzusteuern, wenn ihm genügend andere gleichwertige Bewerbungen sozusagen „mundgerecht" in der gewünschten Form, entweder als E-Mail-Anhang oder klassische Bewerbungsmappe, vorliegen?

Bewerbungs-CD

Ein Vorteil der Bewerbungs-CD: Sie haben genügend Platz, all Ihre Vorzüge in jeder erdenklichen Form zu schildern. Dennoch sollten Sie sich auch hier in die Situation eines Personalchefs oder Ihres Ansprechpartners in der entsprechenden Fachabteilung hineinversetzen: Bitte bedenken Sie, dass in vielen Firmen Hunderte von Bewerbungen auf bestimmte Stellen eingehen. Für wie realistisch halten Sie es, dass Der- oder Diejenige Lust oder Zeit hat, sich mit Ihrer Bewerbungs-CD zu beschäftigen? Denn eine CD einzulegen bedeutet nicht nur unnötige Arbeit, sondern ist auch unpraktisch für das weitere Prozedere (Vergleich der Unterlagen, Bewerberverwaltung etc.). Und selbst wenn man sich Ihre Unterlagen ausdruckt, schneiden sie in Konkurrenz zu den kompletten und ansprechenden Bewerbungsmappen Ihrer Mitbewerber schlecht ab.

Sie sollten eine Bewerbungs-CD also nur nutzen, wenn Sie wirklich etwas Besonderes zu bieten haben, das den Aufwand rechtfertigt, etwa eine Arbeitsprobe.

Und selbst dann sollten Sie vorher in dem Unternehmen anrufen, ob CDs erwünscht sind (oft wird die Installation einer Extra-Software auch aus Sicherheitsgründen abgelehnt).

1.3 Vorstellungsgespräche

1.3.1 Vorbereitung

Wenn Sie zu einem Vorstellungsgespräch eingeladen wurden, bedeutet das, dass Sie sich **in der ersten Runde** Ihrer Bewerbung **hervorragend geschlagen** haben. Ihre fachlichen Kenntnisse und Fähigkeiten haben überzeugt. Lehnen Sie sich also erst einmal entspannt zurück und freuen sich, dass Sie es so weit geschafft haben? Bei den meisten Stellenbewerbern ist leider das genaue Gegenteil der Fall.

Viele Studierende sind bei Bewerbungsgesprächen hauptsächlich deshalb angespannt, weil sie mit einer Art Black Box konfrontiert werden. Sie wissen nicht genau, mit wem sie es zu tun haben werden und was man von ihnen verlangen wird.

Da die sachlichen Fragen weitgehend geklärt sind, geht es jetzt darum, einen **Eindruck von Ihrer Person** zu gewinnen. Doch Sie können aufatmen. Auf die meisten Situationen, in die Sie geraten werden, können Sie sich sehr **effizient vorbereiten**.

1.3 VORSTELLUNGSGESPRÄCHE

CHECKLISTE

Die Vorbereitung umfasst:

- die Sammlung von Informationen zum betreffenden Unternehmen,
- die Formulierung von Fragen an das Unternehmen,
- die Vorbereitung auf das Gespräch selbst,
- Ihre Zeit- und Streckenplanung,
- die Auswahl Ihrer Kleidung.

Rufen Sie sich noch einmal Ihre Stärken und Schwächen in Erinnerung, die Sie bei der Potenzialanalyse schon schriftlich zusammengefasst haben. Überlegen Sie sich Beispiele für erlebte **Situationen**, die Ihre Stärken glaubhaft **veranschaulichen**.

Wenn Sie sich dann noch mit verschiedenen Aspekten der menschlichen Wahrnehmung (Körpersprache) und diversen Gesprächstechniken auseinandergesetzt haben, werden Sie Ihre Vorstellungsgespräche ruhig und selbstsicher führen können.

ACHTUNG Sehen Sie Ihren Gesprächspartner im Unternehmen nicht als Gegner, der Sie „hereinlegen" will. Sie beide wollen doch letztendlich herausfinden, ob Sie und die angebotene Stelle bzw. das Unternehmen zusammenpassen.

Informationen sammeln

Man wird von Ihnen erwarten, dass Sie sich über die Firma, in der Sie arbeiten wollen, **gründlich informiert haben**. Spätestens bei der Frage „Was wissen Sie über unser Unternehmen?" werden Sie sonst ins Rudern kommen.

Schon bei der Erstellung Ihres Erwartungsprofils sollten Sie ermittelt haben, inwieweit die Firma Ihren Erwartungen entspricht. Die so gewonnenen Informationen können Sie jetzt nutzen. Zur Vorbereitung Ihres Vorstellungsgesprächs sollten Sie Ihre Faktensammlung bezüglich des Unternehmens jedoch noch etwas erweitern.

Sie können sich zum Beispiel von der Presseabteilung des betreffenden Unternehmens vorab Geschäftsberichte, Presseartikel oder Prospekte zuschicken lassen.

Schließlich sollten Sie bezüglich aktueller Entwicklungen in Tages- und Wirtschaftszeitungen recherchieren. Viele interessante Publikationen bieten inzwischen auch eine komfortable Recherche in ihren Online-Archiven an.

CHECKLISTE

Unternehmensinformationen
- Produktpalette
- Marktanteile
- Kundenstruktur
- Wettbewerbssituation
- Umsatzgröße
- Aktuelle Neuigkeiten/Entwicklungen

Fragen formulieren

Sie werden im Verlauf des Gesprächs die Gelegenheit erhalten, Ihrem Gegenüber **Fragen zu stellen**. Mit sinnvollen Fragen beweisen Sie Ihr Interesse und zeigen, dass Sie sich vorab intensiv mit dem Unternehmen beschäftigt haben.

ACHTUNG Es ist empfehlenswert, dass Sie vorher notierte Fragen zum Bewerbungsgespräch mitbringen und sich die Antworten stichwortartig aufschreiben.

Achten Sie jedoch darauf, schon im Gespräch beantwortete Fragen nicht noch einmal zu stellen.

Beispiele für interessante Fragen:

- Welche Marketingkonzeption verfolgen Sie?
- Welcher Führungsstil wird in Ihrem Unternehmen praktiziert?
- Wer wird mein direkter Vorgesetzter?
- Haben Sie ein spezielles Programm zur Einarbeitung?
- Wird die Stelle, die ich übernehme, neu geschaffen?
- Welche Entwicklungsmöglichkeiten habe ich?
- Wie sieht die geplante Produktentwicklung aus?

Folgende Fragen sollten Sie vermeiden bzw. erst in einem zweiten Gespräch stellen:

- Wie hoch ist mein Gehalt?
- Welche sozialen Leistungen bieten Sie?
- Wie sieht mein Arbeitsvertrag aus?
- Wie viel Urlaub erhalte ich?
- Welchen Eindruck habe ich auf Sie gemacht?

Ihre Zeitplanung

Vielleicht werden Sie am Tag Ihres Vorstellungsgesprächs etwas nervös sein. Umso besser, wenn Sie zuvor **genau geplant** haben, wie Sie die **Anreise** bewältigen wollen. Stellen Sie sich vor, was für einen Eindruck Sie hinterlassen werden, wenn Sie in letzter Minute abgehetzt zum Termin erscheinen. Oder noch schlimmer: wenn Sie Ihren Zug verpassen oder im Stau stehen und sich verspäten.

CHECKLISTE

Zeitplanung

- Welches Verkehrsmittel (Bus, Bahn, Pkw, Flugzeug) ist optimal?
- Wie viel Zeit brauche ich für wie viele Entfernungskilometer?
- Welche zeitliche Sicherheitsreserve sollte ich einplanen (Stau etc.)?
- Wie lange brauche ich im Unternehmen, um zu meinem Ansprechpartner zu gelangen (Pförtner, Wegstrecken etc.)?
- Sollte ich eventuell einen Tag vorher anreisen, ein Hotelzimmer buchen?

Was Sie tun sollten, wenn Sie sich trotz bester Planung **verspäten**:

Informieren Sie Ihren Gesprächspartner so schnell wie möglich über die Situation, in der Sie sich gerade befinden, und wie lange die Verspätung dauern wird. Entschuldigen Sie sich, auch wenn die Verspätung nicht an Ihnen liegt. Wenn Sie sich nicht melden, wird Ihnen das als Unzuverlässigkeit ausgelegt werden. Vereinbaren Sie, je nach Situation, eventuell einen neuen Termin.

Die Auswahl des Outfits

Bei der Wahl Ihrer Kleidung und Ihrer äußeren Erscheinung sollten Sie sich an der ausgeschriebenen **Position** und der **Branche** orientieren. Kontrollfrage: Kann meine Kleidung das Unternehmen nach innen und außen repräsentieren? Beachten Sie generell folgende Grundsätze:

- Kleidung und Schuhe sollten sauber, gepflegt und in einwandfreiem Zustand sein. (Sie selbst übrigens auch: Trauerränder unter den Fingernägeln oder ungepflegte Haare stellen ein Eigentor dar.)
- Fühlen Sie sich in Ihrer Kleidung wohl, sitzt alles gut? Es gibt nichts Schlimmeres, als in einem Vorstellungsgespräch zu sitzen und sich eingezwängt oder gar verkleidet zu fühlen, denn so können Sie nicht authentisch wirken.
- Steht Ihnen die Kleidung farblich oder wirken Sie darin blass? Ist das Material so beschaffen, dass Sie nicht schnell ins Schwitzen kommen?
- Männer liegen mit einem Anzug in gedeckten Farben immer richtig, wozu sie keine weißen, sondern dunkle (!) Socken tragen. Bitte verzichten Sie auf Krawatten mit Comic-Figuren oder irgendwelchen Sprüchen.
- Frauen sollten transparente Kleidung, ein zu tief ausgeschnittenes Dekolletee, zu kurze Röcke und zu hohe Stöckelschuhe vermeiden.
- Verwenden Sie dezentes Parfüm/Rasierwasser. Auch angenehme Düfte können irritieren, wenn sie zu übertrieben angewendet werden. Zu aufdringliche Duftnoten können Ihren Gesprächspartner sogar beeinträchtigen (denken Sie etwa an Allergien).
- Frauen sollten auf ein dezentes Make-up und unaufdringliche Accessoires achten. Letzteres gilt auch für Männer: Siegelring, Krawattennadel und Ohrring wären des Guten eindeutig zu viel.

> **TIPP** Ist Ihnen im letzten Augenblick ein Missgeschick passiert und Sie können nichts mehr dagegen tun (etwa Kaffee beim Warten über die Hose oder den Rock verschüttet)? Dann ist die einzige souveräne Lösung, die Angelegenheit kurz beim Gesprächspartner zu erklären, ohne großes Aufheben davon zu machen, und sie dann zu ignorieren.

Legen Sie sich Ihre Kleidung am Abend vor Ihrem Termin zurecht und bereiten Sie auch alle weiteren Unterlagen für das Gespräch vor:

- Wegbeschreibung
- Block und Stifte
- Ihre Fragen an das Unternehmen
- Ihre Bewerbungsunterlagen
- (eventuell) Visitenkarten

Die Bestätigung

Vergessen Sie nicht, den Termin für die Einladung telefonisch oder schriftlich zu bestätigen. Normalerweise werden Sie im Unternehmen anrufen; bei diesem Telefonat können Sie auch gleich nachhaken, falls Sie noch Fragen haben (zum Beispiel wie die Erstattung der Reisekosten geregelt ist). Oder Sie schreiben eine kurze E-Mail oder einen Brief.

MUSTER BESTÄTIGUNGSSCHREIBEN

Max Mustermann
Musterstraße 84
12345 Musterstadt
Tel. 0 57 43 / 6 66 66

Muster-AG
Frau Maxine Musterfrau
Musterweg 12
54321 Musterdorf

Sehr geehrte Frau Musterfrau,

ich bedanke mich herzlich für Ihre Einladung zum Vorstellungsgespräch.

Den von Ihnen vorgeschlagenen Termin am ... um ... Uhr kann ich einhalten. Ich freue mich auf das Gespräch.

Mit freundlichen Grüßen
(Unterschrift)

1.3.2 Ablauf

Ihre Gesamtpräsentation

Wie andere Sie wahrnehmen, hängt von Ihrer **Gesamtpräsentation** ab. Diese umfasst das äußere Erscheinungsbild (gepflegtes Aussehen, angebrachte Kleidung), das nonverbale Verhalten (Körperhaltung, Gestik und Mimik), die Ausdrucksfähigkeit (Stimmlage, Sprechgeschwindigkeit und -lautstärke) sowie die Gesprächsführung (aktives Zuhören, Fragetechnik).

Machen Sie einen Test: Beobachten Sie beim nächsten Mal, wenn Sie jemanden kennenlernen, warum diese Person auf Sie sympathisch oder unsympathisch wirkt. Was bemerken Sie an dieser Person? Welche Dinge sind Ihnen zuerst aufgefallen?

Nonverbales Verhalten

Neben dem, was Sie sagen, hat Ihre **Körpersprache** großen Anteil an dem Eindruck, den Sie auf Ihr Gegenüber machen.

Positive Körpersprache

Körperhaltung/Blickverhalten/Mimik	Bedeutung
Nach vorn gelehnter Oberkörper	Sympathie, Interesse oder der Wunsch, etwas sagen zu wollen
Entspannte Sitzhaltung	Selbstsicherheit und Unbekümmertheit
Übereinandergeschlagene Beine, zum Gesprächspartner hin	Sympathie, Zugewandtheit
Weit geöffnete Augen	Sympathie und Aufnahmebereitschaft
Gerader Blick	Offenheit, Vertrauen, Ehrlichkeit
Häufiger Blickkontakt	Erzeugt Sympathie
Lächeln	Sympathie, Wohlwollen

Negative Körpersprache

Körperhaltung/Blickverhalten/Mimik	Bedeutung
Achselzucken	Hilflosigkeit, Abwehr
Verschränkte Arme	Ablehnung, Verschlossenheit
Übereinandergeschlagene Beine, vom Gesprächspartner weg	Ablehnung, Unwillen
Um die Stuhlbeine gewundene Füße	Unsicherheit, Suche nach Halt
Wippen mit den Füßen	Arroganz, Ungeduld, Aggressivität
Spielende Hände	Nervosität, Angst, Verwirrung
Finger zum Mund nehmen	Verlegenheit, Unsicherheit
Mit dem Finger auf den Gesprächspartner zeigen	Angriff, Wut
Während des Sprechens Hand vor den Mund halten	Unsicherheit
Kopf auf Hände stützen	Nachdenklichkeit, Langeweile
Zugekniffene Augen	Abwehr, Unlust
Schräger Blick	Abschätzende Zurückhaltung
Häufiges Wegsehen	Verlegenheit, mangelnde Sympathie
Häufiger Lidschlag	Unsicherheit, Befangenheit
Zusammengepresster Mund	Reserviertheit, Kontaktarmut
Mundwinkel nach unten gezogen	Verbitterung, Pessimismus
Hochgezogene Augenbraue	Ungläubigkeit, Arroganz

> **ACHTUNG** Obwohl es sicher wenig sinnvoll wäre, sich komplett zu verstellen und damit letztendlich „unecht" zu wirken, können Sie durch einige **Verhaltensweisen und Signale** einen positiven Eindruck erzeugen:
> - Achten Sie auf einen festen Händedruck.
> - Haben Sie aufgrund Ihrer inneren Anspannung feuchte Hände, machen Sie sich nicht allzu viele Sorgen darüber, das geht vielen Bewerbern so. Trocknen Sie Ihre Hände vorher mit einem Papiertaschentuch ab. Wenn das nichts hilft, sagen Sie einfach: „Leider bin ich ziemlich aufgeregt, deshalb sind meine Hände nicht besonders frisch."
> - Wenn Sie zum „Fuchteln" neigen, sollten Sie schon zu Hause üben, langsame Bewegungen zu machen, oder Ihre Hand locker auf Ihren Stift oder Block legen. Achten Sie auch darauf, Ihre Finger nicht nervös zu verknoten oder die verschränkten Hände in den Schoß zu legen. Mit dem Finger in die Luft zu stechen kann leicht aggressiv wirken.
> - Halten Sie mit Ihrem Gegenüber Blickkontakt. Dadurch erzeugen Sie Sympathie und signalisieren Ihr Interesse. Und Sie können so auch wortlos kommunizieren (etwa zeigen, dass Sie zustimmen oder gleich nachfragen werden). Bei mehreren Gesprächspartnern beziehen Sie alle in den Blickkontakt mit ein, indem Sie den Blick ruhig vom einen zum anderen schweifen lassen. Starren Sie aber niemanden an. Unterbrechen Sie den Blickkontakt immer wieder durch kurze Pausen.
> - Beobachten Sie schon im Vorfeld, ob Sie zu kleinen Ticks neigen, etwa wie alle paar Sekunden eine Haarsträhne zurückzuschieben oder sich an die Nase zu fassen. Das wird Ihren Gesprächspartner über kurz oder lang irritieren. Im Bewerbungsgespräch werden Sie sich nicht auch noch darauf konzentrieren können, versuchen Sie also vorab, diese Angewohnheiten wieder loszuwerden.
> - Lächeln Sie hin und wieder.
> - Erwidern Sie die körpersprachlichen Signale Ihres Gesprächspartners, zum Beispiel durch eine ähnliche Sitzhaltung.
> - Achten Sie auf eine entspannte Körperhaltung.
> - Vermeiden Sie, durch Wippen mit den Füßen Unsicherheit und Nervosität zu vermitteln.

Ausdrucksfähigkeit

Ob Ihre Aussagen als glaubwürdig eingestuft werden, hängt auch davon ab, **wie Sie sprechen.** Überprüfen Sie Ihr Sprachverhalten anhand folgender Kriterien:

Stimmlage

Sie verleihen Ihrer Stimme mehr Ausdruckskraft, wenn Sie sich um eine angemessene Stimmmodulation bemühen: abwechselnd höher oder tiefer, lauter oder leiser sprechen. So vermeiden Sie Eintönigkeit, und Ihr Gesprächspartner wird Ihnen aufmerksamer zuhören.

Sprechgeschwindigkeit

Achten Sie darauf, im Vorstellungsgespräch vor lauter Nervosität nicht zu schnell zu sprechen. Das ermüdet Ihren Gesprächspartner, und Sie wirken hektisch und verlieren an Überzeugungskraft. Durch zu langsames Sprechen hingegen kann es Ihnen passieren, dass Ihr Gegenüber ungeduldig wird und zum nächsten Punkt übergeht oder aber mit seinen Gedanken abschweift und Ihnen nicht mehr zuhört.

Lautstärke

Durch eine zu leise Stimme signalisieren Sie Unsicherheit. Sprechen Sie zu laut, wird Ihr Gegenüber das eher als einen Angriff werten. Versuchen Sie innerhalb eines angemessenen Rahmens bestimmte Aspekte Ihrer Aussagen durch lauteres oder leiseres Sprechen zu betonen.

ACHTUNG Üben Sie in alltäglichen Situationen, wie Sie Ihr Sprachverhalten ändern können. Versuchen Sie zum Beispiel, sich auf Ihren Gesprächspartner einzustellen. Achten Sie darauf, wie er/sie spricht (laut oder leise, schnell oder langsam), und nähern Sie sich dieser Ausdrucksweise an. Wenn Sie ähnlich kommunizieren, werden Sie schon auf dieser Ebene Verständnis und Sympathie erzeugen.

Gesprächspsychologie

Durch Ihr Verhalten im Gespräch können Sie einen positiven Einfluss auf den Gesprächsverlauf nehmen. Nennen Sie Ihren Gesprächspartner hin und wieder beim Namen und **vermeiden Sie negative Statements**, zum Beispiel über die schwierige Anfahrt, um nicht von vornherein eine unangenehme Gesprächsatmosphäre aufzubauen. Lassen Sie sich aber auch in einer **entspannten Gesprächsatmosphäre** nicht dazu verleiten, unprofessionell oder zu überschwänglich zu reagieren.

Durch **aufmerksames und aktives Zuhören** können Sie die Erwartungen und Anforderungen Ihres Gesprächspartners erkennen. Was wird besonders betont oder in den Vordergrund gestellt, welcher Bedarf formuliert? Und Sie vermitteln Ihrem Gegenüber, dass Sie ihn ernst nehmen und seinen Ausführungen Beachtung schenken.

Wenn Sie aktiv zuhören, vermitteln Sie den Eindruck einer offenen und interessierten Persönlichkeit.

> TIPP

- Hören Sie aufmerksam zu und achten Sie darauf, ob die nonverbalen Äußerungen mit den inhaltlichen Aussagen übereinstimmen. Vielleicht gibt es auch bei Ihrem Gesprächspartner gewisse Aspekte, die er Ihnen nicht offen mitteilen will. Das könnte er unbewusst durch eine veränderte Gestik oder Mimik mitteilen.

- Signalisieren Sie durch verbale („ja", „aha" etc.) oder nonverbale Aussagen (nicken) Ihr Interesse.
- Streuen Sie eigene Fragen ein.
- Hören Sie erst in Ruhe zu, bevor Sie sich zu voreiligen Interpretationen hinreißen lassen, und unterbrechen Sie Ihren Gesprächspartner nicht. So wirken Sie souveräner.
- Fragen Sie nach, wenn Sie etwas nicht genau verstanden haben.
- Greifen Sie Aussagen auf, die zuvor gemacht wurden, und knüpfen Sie daran an.
- Schildern Sie eigene Eindrücke oder Meinungen.

So bekommen Sie Ihre **Nervosität** in den Griff:

- Eine aufrechte Körperhaltung im Sitzen stärkt Ihr Selbstbewusstsein und Sie können besser atmen. Ruhige und tiefe Atemzüge bauen Anspannung ab.
- Ein langsameres Sprechtempo trägt zur Entspannung bei. Schnelles und aufgeregtes Sprechen verstärkt die Nervosität hingegen. Durch überlegtes Antworten verringern Sie auch die Chance, in potenzielle Fettnäpfchen zu treten.
- Die Zeit, in der Ihr Gegenüber spricht, lässt sich für die innere Entspannung und Sammlung nutzen.
- Durch Nachfragen werden Sie im Gespräch aktiv, und selbst einen Teil der Kontrolle zu übernehmen macht gelassener.

Fragetechnik

Durch geschicktes Fragen erreichen Sie zwei Ziele: Zum einen erhalten Sie die gewünschten Informationen und zum anderen können Sie so das Gespräch steuern.

> TIPP

- Ihre Fragen sollten kurz formuliert sein. Bei langen Fragen laufen Sie Gefahr, nicht auf alle Aspekte eine Antwort zu erhalten.
- Stellen Sie nur eine Frage auf einmal. Verketten Sie mehrere Fragen miteinander, werden oft nicht alle beantwortet.
- Formulieren Sie einfache und verständliche Fragen. Komplizierte Fragestellungen können zu Missverständnissen führen.

Durch unterschiedliche Fragestellungen können Sie die Antwort Ihres Gesprächspartners beeinflussen.

Durch **offene Fragen** werden Sie die umfassendsten Informationen erhalten. Offene Fragen leiten Sie durch die Fragewörter was, worauf, wo, wer, wann, wem, wie, welche ein. Beispiele: „Worauf legen Sie Wert?" „Wie sehen Sie die Entwicklung in diesem Bereich?" Sie erhalten so Informationen zu Standpunkten, Meinungen oder Erwartungen.

Auf **geschlossene Fragen** hingegen erhalten Sie in der Regel nur ein „Ja" oder „Nein" als Antwort. Stellen Sie diese Fragen, wenn Sie eine konkrete Antwort auf einen Punkt erwarten, den Sie zuvor schon durch offene Fragen erarbeitet haben. Beispiel: „Sie planen also im nächsten Jahr die Verlegung Ihrer Zentrale nach Frankreich?" „Ja."

Alternativfragen (entweder/oder) eignen sich, um den Gesprächspartner dazu zu bewegen, sich für eine Alternative, die Sie vorgeben, zu entscheiden. Beispiel: „Möchten Sie, dass ich Sie morgen Vormittag oder morgen Nachmittag zurückrufe?"

Mit **Suggestivfragen**, die dem Gesprächspartner eine Antwort quasi schon vorgeben, sollten Sie vorsichtig sein. Diese Frageart verhindert eher, dass Sie neue Informationen erhalten, oder Ihr Partner fühlt sich manipuliert. Beispiel: „Sind Sie nicht auch der Meinung, dass ..."

Gesprächsstrategien

Sie werden in Ihren Vorstellungsgesprächen auf Gesprächssituationen unterschiedlicher Ausprägung stoßen. Je nach Unternehmen und Persönlichkeit Ihres Gesprächspartners wird man

- standardisierte Interviews,
- halbstandardisierte Interviews,
- nicht standardisierte Interviews oder
- Stressgespräche

mit Ihnen führen.

Im **standardisierten Interview** ist der Gesprächsverlauf anhand eines Fragebogens festgelegt. Das kann zu einer etwas unflexiblen Gesprächssituation führen; sie hat aber den Vorteil, dass nichts Wichtiges vergessen und das Gespräch weniger vom Interviewer beeinflusst wird.

Beim **halbstandardisierten Interview** sind die Hauptthemenbereiche vordefiniert, die Art der Fragestellung bleibt jedoch dem Interviewer überlassen. Hier haben Sie mehr Möglichkeiten, den Gesprächsverlauf zu beeinflussen, da der gesamte Ablauf etwas flexibler gehandhabt wird.

Das **nicht standardisierte Interview** wird völlig frei geführt, was zu größerer Flexibilität führt, aber auch der subjektiven Bewertung des Interviewers den größten Patz lässt. Hier haben Sie die größten Möglichkeiten der Einflussnahme.

Bei **Stressgesprächen** wird man versuchen, Sie durch Provokationen, Unterbrechungen oder lange Pausen etc. aus der Ruhe zu bringen. Der Interviewer versucht, Ihre **Belastbarkeit und Widerstandskraft** zu bewerten. Versuchen Sie in diesem Fall, die Angriffe nicht persönlich zu nehmen. Stellen Sie sich vor, dass Ihr Gesprächspartner zu ermitteln versucht, wie Sie zum Beispiel auf einen schwierigen Kunden reagieren würden. Dann wird es Ihnen leichter fallen, sich souverän und trotzdem freundlich zu verhalten. Sie müssen jedoch selbst entscheiden, bis zu welchem Punkt Sie eventuelle Attacken akzeptieren wollen. Nehmen sie überhand, sollten Sie sich sorgfältig überlegen, ob das die geeignete Stelle/das geeignete Unternehmen für Sie ist.

Wartezeit vor dem Vorstellungsgespräch

Lassen Sie sich nicht zu der Annahme verleiten, Ihr Bewerbungsgespräch beginne erst mit dem Kontakt zu Ihrem eigentlichen Gesprächspartner. Es kann durchaus sein, dass Sie schon ab **Betreten des Firmengeländes** quasi „unter Beobachtung" stehen, also verzichten Sie ab diesem Zeitpunkt zum Beispiel auf die Zigarette oder auf lautstarke Telefonate mit Ihrem Handy.

Begrüßen Sie immer den Pförtner oder die Dame am Empfang. Nennen Sie dann Ihren Namen und sagen Sie, bei wem Sie wann einen Termin haben. Wird Ihnen kein Platz angeboten, warten Sie im Stehen.

Die **Wartezeit** können Sie damit überbrücken, sich einen ersten Eindruck vom Unternehmen zu verschaffen. Sehen Sie sich um, wie empfinden Sie die Atmosphäre? Wie gehen die Mitarbeiter miteinander um? Wie werden Gäste begrüßt? Lesen Sie eventuell ausliegendes Informationsmaterial. Sinnvoll kann es auch sein, noch einmal einen Blick in den Spiegel zu werfen oder sich die Hände zu waschen. Fragen Sie am Empfang nach dem Weg zum WC und geben Sie dort kurz Bescheid.

> **TIPP** Sind Sie mit einer längeren Wartezeit konfrontiert, sollten Sie höflich nachfragen, wie lange es voraussichtlich noch dauern wird. Vereinbaren Sie eventuell, später wiederzukommen. Auf einem kurzen Spaziergang oder in einem Café können Sie sich vielleicht besser entspannen als im Unternehmen.

Man wird Sie entweder am Empfang abholen oder zu Ihrem Gesprächspartner bringen. Grüßen Sie auf dem Weg Mitarbeiter, die Ihnen begegnen, freundlich.

Gesprächsphasen von Bewerbungsgesprächen

Die meisten Gespräche mit Bewerbern richten sich nach einem groben **Ablaufplan**. Obwohl die einzelnen Ausprägungen von Unternehmen zu Unternehmen unterschiedlich sein werden, können Sie sich an dem folgenden Schema orientieren und es für Ihre Vorbereitung nutzen:

- Kontaktaufbau und Aufwärmphase,
- Vorstellung der Firma und der zu besetzenden Position,
- Präsentation des Bewerbers,
- Fragen an den Bewerber,
- Fragen des Bewerbers an den/die Unternehmensvertreter,
- Informationen zu den Rahmendaten des Beschäftigungsverhältnisses,
- Abschluss des Gesprächs und Klärung der weiteren Vorgehensweise.

Kontaktaufbau und Aufwärmphase

Warten Sie, bis man Ihnen die Hand zur Begrüßung reicht, und nennen Sie dabei Ihren Namen. Optimal ist ein weder zu fester noch zu lascher Händedruck, aber schütteln Sie nicht den ganzen Arm Ihres Gegenübers.

ACHTUNG Obwohl es oft zu sehen ist, sollten Männer bei der Begrüßung keinesfalls die zweite Hand in der Hosentasche haben.

Nehmen Sie erst dann Platz, wenn er Ihnen angeboten wird.

Sind zu dem Termin mehrere Bewerber oder Unternehmensvertreter anwesend, machen Sie sich mit diesen bekannt und versuchen Sie, sich die Namen einzuprägen. Haben Sie einen Namen bei der Begrüßung nicht richtig verstanden, dann fragen Sie sofort nach („Tut mir leid, ich habe Ihren Namen nicht richtig verstanden"). Es könnte sonst im weiteren Gesprächsverlauf sehr anstrengend sein, eine direkte Ansprache des Betreffenden zu vermeiden.

Die Phase der Begrüßung und des kurzen **Small Talks** soll zur Entspannung und Auflockerung dienen. Sie werden vielleicht gefragt, ob sich Ihre Anreise unproblematisch gestaltet hat oder wie die Verkehrssituation war. Zeigen Sie sich offen, indem Sie auf Fragen auch etwas ausführlicher eingehen und sich nicht alles aus der Nase ziehen lassen. Wenn Sie auf die Frage „Wie war die Anreise?" mit einem knappen „Ganz gut" antworten, ist das Gespräch auch schon an einem toten Punkt. Angenehmer für Ihren Gesprächspartner ist es, wenn Sie etwas zum Gespräch beisteuern, zum Beispiel „Danke, alles hat wunderbar geklappt. Es gab zwar einen kurzen Stau bei ..., aber der hat sich zum Glück gleich wieder aufgelöst". Ob Wahrheit oder nicht, sprechen Sie beim Small Talk nur positive Dinge an. Wenn es sich aus der Situation ergibt, ist es immer vorteilhaft, auch selbst Fragen zu stellen.

ACHTUNG Bedenken Sie, dass sich Ihr Gesprächspartner, ob bewusst oder unbewusst, schon in diesen ersten Minuten **ein umfassendes Bild von Ihnen** macht. Blicken Sie Ihrem Gegenüber in die Augen und machen Sie ein freundliches Gesicht. Gestalten Sie die Situation durch die schon angesprochenen verbalen und nonverbalen Signale positiv, sonst werden Sie später schwer zu kämpfen haben, einen ungünstigen Eindruck ins Gegenteil zu verkehren.

Vorstellung des Unternehmens und der zu besetzenden Position

Zu den Ausführungen, die Sie hier erhalten, sollten Sie sich kurze Notizen machen. So geraten Sie nicht in die Verlegenheit, später nach Informationen zu fragen, die Sie schon bekommen haben. Aber auch Aussagen, die Ihnen noch nicht klar sind oder die Sie vertiefen möchten, sollten Sie festhalten.

Fragen Sie zu Beginn des Gesprächs, ob Ihre Gesprächspartner damit einverstanden sind („Ich würde gern ein paar Notizen machen, damit ich nichts Wichtiges vergesse. Ist das in Ordnung?").

Verhalten Sie sich ansonsten wie unter dem Punkt „Aktives Zuhören" beschrieben.

ACHTUNG Wenn Sie zu irgendeinem Zeitpunkt des Gesprächs etwas nicht verstanden haben, sollten Sie so bald wie möglich nachfragen. Denn wenn Ihnen die nötigen Erklärungen fehlen, könnten Sie Schwierigkeiten damit haben, dem Gespräch weiter gut zu folgen. So zu tun, als seien Sie vollständig im Bilde, kann zu einem unangenehmen Fettnäpfchen werden, etwa wenn Ihr Gesprächspartner Sie später um Ihre Meinung zu der Angelegenheit bittet.

Warten Sie einfach, bis der Interviewer eine Pause macht (notieren Sie eventuell kurz den entsprechenden Stichpunkt) und signalisieren Sie freundlich, dass Sie etwas fragen möchten:

„Vielen Dank für die Erklärungen ... Ich habe noch eine Frage zu ..."

Präsentation des Bewerbers

Nach der Vorstellung des Unternehmens wird man Sie auffordern, etwas über sich und Ihren beruflichen Werdegang zu erzählen. Bereiten Sie sich so vor, dass Sie ca. **zehn Minuten frei reden** können. Vermeiden Sie es, Ihren Lebenslauf noch einmal zu wiederholen, den kennt Ihr Gesprächspartner bereits. Versuchen Sie stattdessen, wichtige Qualifikationen und Persönlichkeitsmerkmale für diese Position herauszuarbeiten. Hier erhalten Sie auch die Chance, mögliche **Schwachpunkte** Ihres Lebenslaufs oder kritische Fragen Ihres Gesprächspartners vorwegzunehmen und geeignete Erklärungen dafür zu liefern.

Fragen an den Bewerber

Mit den Fragen der Unternehmensvertreter werden Sie sich in einer der Gesprächssituationen wiederfinden, die wir unter dem Punkt „Gesprächsstrategien" vorgestellt haben. Ihre Gesprächspartner werden jetzt versuchen, alle Punkte abzuklären, auf die Sie in Ihrer Präsentation noch nicht ausreichend eingegangen sind oder die für das Unternehmen von besonderem Interesse sind.

> **TIPP**

So zeigen Sie sich im besten Licht:
- Versuchen Sie immer, Ihre Antworten (etwa durch Beispiele) zu begründen.
- Versuchen Sie, sich geschickt in einem positiven Licht zu präsentieren, aber vermeiden Sie es, zu lügen oder sich zu verstellen. Sie wirken dann nur verkrampft und wenig überzeugend. Einem erfahrenen Gesprächspartner werden Unstimmigkeiten rasch auffallen.
- Vermeiden Sie relativierende vage Aussagen wie „Ich könnte vielleicht ganz gut ..." oder „Ich glaube, meine Stärken sind ...".
- Sollten Sie eine Frage nicht verstanden haben, so fragen Sie lieber nach, anstatt durch ein Missverständnis eine falsche Antwort zu geben.
- Verwenden Sie immer die Ich-Form, wenn Sie über sich sprechen, vermeiden Sie unpersönliche Formulierungen.
- Drücken Sie sich nicht zu kompliziert oder umständlich aus. Versuchen Sie, Ihre Antworten klar zu strukturieren. Nehmen Sie sich Zeit, bevor Sie antworten.
- Achten Sie weiterhin auf Ihre nonverbalen Signale.

Neben den fachlichen Fragen werden Ihnen auch Fragen zu Ihrer Persönlichkeit gestellt werden. Bei der berühmten Frage nach den eigenen Schwächen zum Beispiel geht man natürlich nicht davon aus, dass Sie lang und breit über Ihre Defizite referieren werden. Es geht vielmehr darum, Sie besser kennenzulernen und herauszufinden, wie Sie sich selbst einschätzen, wie souverän Sie die Frage beantworten und wie Sie auf unangenehme Momente reagieren.

Fragen des Bewerbers an den/die Unternehmensvertreter

In jedem Vorstellungsgespräch wird man Ihnen auch die Gelegenheit geben, Ihrerseits Fragen zu stellen. Während Ihrer Vorbereitung haben Sie sich Fragen überlegt und während der Vorstellungsrunde des Unternehmens abgeglichen, welche schon beantwortet wurden. Nutzen Sie in dieser Gesprächsphase die Hinweise unter dem Punkt „Fragetechnik" (Seite 59 f.). Erinnern Sie sich auch, welche Fragen Sie vermeiden sollten (Seite 53).

Informationen zu den Rahmendaten des Beschäftigungsverhältnisses

Nach der Beantwortung Ihrer Fragen werden Aspekte wie der Einstellungstermin, die Vertragsgestaltung und Gehaltsfragen angesprochen. Je nach Unternehmen werden diese Themen jetzt schon sehr ausführlich behandelt oder zum Teil auf ein **zweites Gespräch** vertagt. Bei der Frage nach Ihren Gehaltsvorstellungen sollten Sie weder zu bescheiden sein noch unangemessene Forderungen stellen. Recherchieren Sie vor dem Vorstellungsgespräch, welcher Gehaltskorridor in der jeweiligen Branche und für die jeweilige Position angemessen ist.

Abschluss des Gesprächs und Klärung der weiteren Vorgehensweise

Sie werden selten während des ersten Gesprächs eine Zu- oder Absage erhalten. Oft sind noch Treffen mit weiteren Bewerbern geplant, oder die Entscheider wollen sich noch untereinander abstimmen. Zum Abschluss des Gesprächs wird man Ihnen jedoch mitteilen, wie das weitere Vorgehen ist bzw. wann Sie mit einer Entscheidung rechnen können.

Bedanken Sie sich für das Gespräch und drücken Sie Ihre Hoffnung auf eine Zusammenarbeit aus oder bekunden Sie noch einmal Ihr Interesse am Unternehmen.

Fragen, mit denen Sie rechnen müssen

Im Folgenden werden wir Ihnen einige Beispiele für Fragen nennen, die Ihnen im Bewerbungsgespräch gestellt werden. Arbeiten Sie anhand Ihrer vorbereiteten Stärken-Schwächen-Analyse und Ihres Potenzialprofils durch, wie Sie auf solche oder ähnliche Fragen antworten könnten:

Beispiele für häufig gestellte Fragen

Frage	Ziel und Ihre Reaktion
Warum haben Sie sich für dieses Studienfach entschieden?	Man möchte erfahren, ob Sie Ihre Ausbildung geplant haben (Motivation). Erinnern Sie sich an Ihre Selbstanalyse und begründen Sie Ihre Studienwahl überzeugend.
Haben Sie gerne studiert? *Würden Sie dieses Fach noch einmal studieren?* *Warum haben Sie an dieser Hochschule studiert?*	Man will Ihre Zielorientierung erkennen und hören, wie Sie eventuelle Kritik vorbringen. Formulieren Sie zurückhaltend (niemanden kritisieren!) und zeigen Sie, dass Sie im Rahmen des Möglichen das Beste aus der jeweiligen Situation gemacht haben.
Welche Schwerpunkte haben Sie in Ihrer Ausbildung gesetzt? *Welche Erfolge haben Sie erzielt?*	Berücksichtigen Sie bei der Antwort die Anforderungen der jeweiligen Position.
Warum haben Sie nicht promoviert?	Sie möchten Ihre in der Ausbildung gesammelten Erfahrungen nun endlich praktisch anwenden, und zwar in diesem Unternehmen.
Welche Praxiserfahrungen haben Sie gesammelt?	Erinnern Sie sich an Ihre Selbstanalyse „Berufliche Fähigkeiten", Seite 9 f.
Warum hat Ihr Studium so lange gedauert? *Warum haben Sie so schlechte Noten?*	Man möchte wissen, wie Sie auf Provokationen reagieren. Bleiben Sie freundlich und gelassen. Starten Sie keine ausführlichen Rechtfertigungsversuche, sondern stimmen Sie gegebenenfalls der Bewertung der Noten zu. Die Dauer können Sie durch besondere praxisrelevante Projekte oder außeruniversitäre berufliche Erfahrungen erklären.

Was war das Thema Ihrer Diplomarbeit?	Versuchen Sie, das Thema kurz und verständlich darzustellen und einen Zusammenhang zur beruflichen Praxis aufzuzeigen.
Wie gut kennen Sie unser Unternehmen? Was wissen Sie über die Entwicklungen in unserer Branche?	Zeigen Sie durch Ihre Antworten, dass Sie sich mit dem Unternehmen beschäftigt haben („Informationen sammeln", Seite 51.
Welche fachlichen Publikationen lesen Sie regelmäßig? Was halten Sie von der Diskussion um …?	Man möchte herausfinden, ob Sie sich ernsthaft für die angebotene Stelle/den Aufgabenbereich/die Branche interessieren. Wenn Sie sich gut auf das Vorstellungsgespräch vorbereitet haben, können Sie wahrheitsgemäß antworten.
Warum sollten wir gerade Sie einstellen?	Hier geht es um Ihre Selbsteinschätzung. Erinnern Sie sich an Ihr Stärken-Schwächen-Profil (Seite 10) und fassen Sie Ihre persönlichen und fachlichen Stärken abgestimmt auf die jeweilige Position zusammen.
Mit welchen Menschen kommen Sie nur schwer zurecht? Wie gehen Sie mit Konflikten um?	Diese Frage zielt im Prinzip darauf ab, ob Sie selbst ein schwieriger Charakter sind. (Was Sie beweisen würden, indem Sie sich in einer langwierigen Aufzählung aller möglichen schrecklichen Persönlichkeiten verlieren würden.) Versuchen Sie dezent zu formulieren, welche Verhaltensweisen Sie bei der Zusammenarbeit stören würden.

Weitere Fragen, auf die Sie sich im Rahmen Ihrer Vorbereitung Antworten überlegen könnten:

- Verfügen Sie über Auslandserfahrungen?
- Warum möchten Sie für uns arbeiten?
- Was erwarten Sie von einer Anstellung in unserem Unternehmen?
- Wie gut kennen Sie unsere Produkte/Dienstleistungen?
- Was wissen Sie über unsere Wettbewerber?
- Wo haben Sie sich noch beworben?
- Wo möchten Sie in fünf Jahren stehen?
- Was sind Ihre drei größten Stärken und Ihre drei größten Schwächen?
- Welches Buch haben Sie zuletzt gelesen?
- Welchen Film haben sie zuletzt gesehen?
- Womit beschäftigen Sie sich in Ihrer Freizeit?
- Wenn ein Freund Sie beschreiben sollte, was würde er über Sie sagen?
- Welchen Stellenwert nimmt beruflicher Erfolg in Ihrem Leben ein?

Falls Sie übrigens in Ihrem Lebenslauf angegeben haben, etwa über fließende Englischkenntnisse zu verfügen, kann es Ihnen passieren, dass eine dieser Fragen in Englisch gestellt wird und man auch eine Antwort in Englisch von Ihnen erwartet.

Welche Fragen sind erlaubt?

Im Vorstellungsgespräch sind Fragen nach

- Ihrer Berufserfahrung und Ausbildung,
- Ihren Gründen für die Bewerbung,
- Ehrenämtern,
- Nebentätigkeiten,
- Mehrfachbeschäftigungen und
- Schwerstbehinderung

zulässig.

Nicht gefragt werden dürfen Sie dagegen nach

- Partei-, Kirchen- oder Gewerkschaftszugehörigkeit,
- finanziellen Verhältnissen,
- Ihrem bisherigen Gehalt,
- Lohnpfändungen,
- Vorstrafen,
- Schwangerschaft oder Familienplanung,
- Leistung von Wehr- oder Zivildienst,
- Familienverhältnissen (außer nach Ehepartner und Kindern) sowie
- Krankheiten (außer diese würden eine andauernde Tätigkeitseinschränkung bedeuten).

Natürlich würden Sie Ihre Chancen nicht unbedingt erhöhen, wenn Sie die Antwort auf eine dieser Fragen verweigern. In diesen Fällen dürfen Sie zu einer **Notlüge** greifen, die Rechtswirksamkeit eines Arbeitsvertrags ist davon nicht betroffen.

Gutes Benehmen ist gefragt

Gerade Berufsanfänger haben oft ähnliche fachliche Qualifikation vorzuweisen. Dann kommt es stark auf weiche Faktoren wie zum Beispiel gute Umgangsformen und korrektes Benehmen an, um sich von den Konkurrenten abzuheben. Leider zeigt sich Personalern täglich, dass Bewerber beim Vorstellungsgespräch die einfachsten Benimmregeln missachten: Sie verspäten sich, tragen unangemessene Kleidung oder haben beim sich eventuell anschließenden Testessen keine Ahnung, wofür eine Serviette gut sein soll.

> **ACHTUNG** Sie müssen für das Vorstellungsgespräch keine Benimmbücher auswendig lernen, wenn Sie sich an ein paar wesentlichen Grundregeln orientieren und sich ansonsten vom gesunden Menschenverstand leiten lassen. Denn als die wichtigsten Faktoren korrekten Benehmens gelten allgemein Pünktlichkeit, Höflichkeit, Taktgefühl, Rücksichtnahme, Aufgeschlossenheit und Aufmerksamkeit.

Auf die folgenden Punkte sollten Sie beim Vorstellungsgespräch besonders achten:

- Pünktlichkeit (siehe „Ihre Zeitplanung", Seite 53),
- angemessene Kleidung (siehe „Die Auswahl des Outfits", Seite 53f.),
- die korrekte Begrüßung (siehe „Kontaktaufbau und Aufwärmphase", Seite 62,
- die richtige Ansprache,
- einen festen Händedruck,
- gelungenen Small Talk (siehe „Kontaktaufbau und Aufwärmphase", Seite 62) und
- korrekte Benimmregeln bei einem eventuell stattfindenden Geschäftsessen.

Bedenken Sie immer: Viel wichtiger als starre Verhaltensregeln sind die Prinzipien des guten Benehmens: Höflichkeit, Respekt und Toleranz anderen gegenüber. Denken Sie also zum Beispiel unbedingt daran, während des Vorstellungsgesprächs Ihr **Handy** auszuschalten.

Sonderfall Essenseinladung

In machen Unternehmen ist man inzwischen dazu übergegangen, die Bewerber nach dem ersten oder zweiten Vorstellungsgespräch zu einem sogenannten **Testessen** einzuladen. Man möchte sich dadurch vergewissern, dass Sie imstande sind, die Firma nach außen perfekt zu vertreten.

Hin und wieder herrscht bei Bewerbern Unsicherheit, welches **Besteck** für welchen Gang gedacht ist, das gleiche Problem stellt sich bei den **Gläsern**.

Aber keine Panik, im Prinzip arbeiten Sie sich immer von **außen nach innen** vor. Ein großes Gedeck umfasst normalerweise Vorspeise, Suppe, Fischgericht, Fleischgericht und Nachspeise (das Dessertbesteck liegt oberhalb des Tellers). Das äußerste Besteck ist also für die Vorspeise gedacht, der Löffel ganz rechts für die Suppe. Das darauffolgende (bauchige Messer) mit zugehöriger Gabel verwenden Sie für den Fisch, das verbleibende Messer für das Fleisch.

Der kleine Teller links ist der **Brotteller**. Holen Sie sich ein Stückchen Butter (mit dem Brot- oder Buttermesser) auf den Brotteller, brechen Sie ein mundgerechtes Stück Brot ab und geben Sie etwas Butter darauf. Essen Sie so das Brot Stück für Stück. Ein No-No wäre es, ein Butterbrot zu schmieren und davon abzubeißen. Achten Sie darauf, mit dem Besteck keine Kratzgeräusche zu produzieren, und sprechen Sie niemals mit vollem Mund. Während des Essens legen Sie Gabel und Messer auf dem Teller mit den Spitzen zur Mitte zeigend ab, wenn Sie pausieren oder trinken wollen, bitte niemals rechts und links schräg an den Tellerrand lehnen. Sind Sie mit dem Essen fertig, legen Sie das Besteck parallel rechts schräg unten auf dem Teller ab.

Die **Serviette** legen Sie einmal eingeschlagen auf Ihren Schoß. Fällt Sie auf den Boden, tauchen Sie nicht unter den Tisch ab, um sie aufzuheben, sondern bitten den Kellner, Ihnen eine neue zu holen. Verwenden Sie die Serviette, um sich vor dem Trinken den Mund abzutupfen, und legen Sie sie nach Beendigung des Essens links neben Ihren Teller.

Bei den **Gläsern** ist das kleinere, zierlichere Weinglas für den Weißwein gedacht, das größere bauchige für den Rotwein, daneben steht noch ein Wasserglas mit oder ohne Stiel. Fassen Sie Gläser mit Stiel immer am oberen Drittel des Stiels an, statt den Kelch mit der Hand zu umschließen (Ausnahme: Cognacschwenker).

Bei der **Sitzhaltung** sollten Sie darauf achten, aufrecht und etwa eine Handbreit von der Tischkante entfernt zu sitzen. Legen Sie eine freie Hand lediglich bis zum Handgelenk auf den Tisch und halten Sie Ihre Arme eng am Körper. Aufgestützte Ellbogen sind ein absolutes Tabu.

Unangenehme Situationen

Natürlich können Sie während des gesamten Vorstellungsgesprächs mit den unterschiedlichsten **misslichen Situationen** oder Momenten konfrontiert werden. Sei es, dass Ihr Gesprächspartner Sie (meist unbeabsichtigt) in eine unangenehme Lage bringt oder Ihre Aufregung Ihre sorgfältige Vorbereitung zunichte macht. Doch die Erfahrung zeigt, dass die Ängste vor diesen Situationen meist viel größer sind als ihre tatsächliche Eintrittswahrscheinlichkeit.

> **ACHTUNG** Generell gilt, dass schwierige Momente am besten mit **Offenheit** überwunden werden können. Denn zum einen können sich die meisten Menschen in ein Missgeschick oder eine peinliche Situation einfühlen, und zum anderen bereinigt ein offenes Ansprechen die Angelegenheit und zeigt, dass Sie über Selbstbewusstsein verfügen.

Anbei einige Anmerkungen, wie Sie mit bestimmten „misslichen Situationen" umgehen könnten:

Wenn Sie eine **Wissensfrage** nicht beantworten können, sollten Sie das ehrlich zugeben, anstatt vage herumzustottern. Denken Sie aber vorher wirklich nach, sonst machen Sie einen unüberlegten Eindruck. Sie könnten in etwa formulieren: „Ich weiß, dass ich das eigentlich wissen sollte. Aber im Augenblick fällt es mir leider einfach nicht ein." Vielleicht können Sie auch nicht die ganze Frage beantworten, aber zumindest einen Teil.

Die Angst vor einem regelrechten **Blackout** ist im Normalfall übertrieben. Sollten Sie aber wirklich keinen klaren Gedanken mehr fassen können, können Sie Folgendes tun:

- Atmen Sie bewusst ruhig und tief durch. Gewinnen Sie Zeit, indem Sie die Frage Ihres Gesprächspartners wiederholen.

- Bitten Sie um eine kurze Unterbrechung, um zur Toilette zu gehen (das kann schließlich immer mal vorkommen), atmen Sie dort tief durch, schneiden Sie im Notfall vor dem Spiegel eine Grimasse und versuchen Sie, die Fassung wiederzuerlangen.
- Teilen Sie Ihre momentane Verfassung mit: „Leider habe ich im Moment einen richtigen Blackout. Können wir zu einem anderen Thema übergehen und ich komme später darauf zurück?"

Wenn Sie beim Beantworten einer Frage voller Elan weit ausgeholt haben und dabei einen **Gegenstand** auf dem Schreibtisch Ihres Gesprächspartners **zertrümmert** haben: Entschuldigen Sie sich, ohne eine große Sache daraus zu machen, und bieten Sie an, den Schaden zu bezahlen.

Wenn Ihnen die Stimme im Halse stecken bleibt, räuspern Sie sich kurz und trinken Sie einen Schluck. Bei einem **Hustenreiz** oder falls Sie sich verschluckt haben, bitten Sie um eine kurze Pause und husten Sie sich draußen aus.

Wenn Ihnen Ihre **Sitzposition unangenehm** ist (etwa weil Sie von der Sonne geblendet werden), bitten Sie höflich um eine Änderung: „Entschuldigen Sie bitte, könnten wir den Vorhang etwas zuzuziehen, weil mich die Sonne blendet? Vielen Dank!"

Wenn Sie eine **unpassende Antwort** gegeben haben, korrigieren Sie sich einfach, beispielsweise mit den Worten: „Ich habe gerade etwas Unüberlegtes gesagt. Darf ich das revidieren? ..."

Dankschreiben

Nach einem erfolgreich verlaufenen Vorstellungsgespräch können Sie mit einem **Dankschreiben** zwei Fliegen mit einer Klappe schlagen. Sie können zum einen Ihr Interesse an der Stelle bekräftigen und sich positiv in Erinnerung bringen und zum anderen Informationen nachliefern, die Ihnen im Nachhinein noch eingefallen sind. Achten Sie dann aber darauf, dass Ihr Schreiben nicht überflüssig (etwa durch allgemeine Floskeln) oder sogar anbiedernd und unterwürfig wirkt. Der Brief sollte freundlich und persönlich formuliert sein.

2

EXISTENZGRÜNDUNG

Die Gründung eines Unternehmens kann eine sinnvolle und lohnende Alternative zu einer abhängigen Beschäftigung sein. Gar nicht so selten machen sich bereits junge Leute während des Studiums nebenbei selbstständig, oft zusammen mit Kommilitonen. Der Vorteil dieser Selbstständigkeit kann darin bestehen, nach dem Studium in größerem Umfang starten zu können, weil wichtige Voraussetzungen für einen geschäftlichen Erfolg bereits vorhanden sind. Doch die Regel ist dies natürlich nicht. Die meisten Existenzgründer beginnen ihre berufliche Laufbahn in einem Unternehmen und sammeln dort wertvolle Erfahrungen in fachlicher und unternehmerischer Hinsicht. Früher oder später kann sich der Wunsch nach Selbstständigkeit ausprägen – im Folgenden seien einige Anregungen und Tipps zur Unternehmensgründung aufgezeigt.

2.1 Gründungstrends

Insgesamt kann der Weg in die Selbstständigkeit gegenwärtig holprig sein. Das jedenfalls stellte die Förderbank KfW in ihrem **"Gründungsmonitor 2013"** fest, in dem das Gründungsgeschehen des Jahres 2012 und dessen Ursachen beleuchtet werden. Demnach setzte sich der Rückgang der Gründungsaktivität fort: Im Jahr 2012 haben sich erneut weniger Menschen in Deutschland selbstständig gemacht (minus 7 Prozent gegenüber 2011). Mit 775.000 Gründern wurde der niedrigste Stand seit dem Start der Befragung im Jahr 2000 erreicht. Insbesondere die jüngsten Änderungen in der Existenzgründungsförderung durch die Bundesagentur für Arbeit (BA) war der Hauptgrund dafür. Auch im laufenden Jahr 2013 dürfte eine spürbare Belebung der Gründungsaktivität ausbleiben, stellen die Autoren des Monitors fest. Da Gründer ein wichtiger Faktor für den Beschäftigungsmarkt sind, ging durch den Rückgang der Gründerzahl der direkte Beschäftigungseffekt deutlich zurück: Von Neugründern wurden 2012 insgesamt 383.000 Vollzeitstellen geschaffen, was 14 Prozent weniger waren als 2011. Davon entfielen 212.000 Stellen für die Gründer im Vollerwerb selbst und 171.000 für angestellte Mitarbeiter.

Einen Lichtblick gibt es allerdings: 47 Prozent der Gründer im Jahr 2012 gegenüber 35 Prozent im Jahr davor gaben an, mit ihrem Gründungsprojekt eine explizite Geschäftsidee umzusetzen und damit bewusst eine Chance wahrzunehmen. „Chancengründungen versprechen auf Dauer nachhaltiger zu sein als andere Gründungen", sagt Dr. Zeuner, Chefvolkswirt der KfW Bankengruppe, anlässlich der Vorstellung der jährlichen, repräsentativen Analyse zum Gründergeschehen in Deutschland in Frankfurt am Main. Ein weiterer Trend betrifft Gründungen in Freien Berufen: Im Jahr 2012 ist der Anteil von Gründern in den **Freien Berufen** auf 39 Prozent gestiegen. 2011 waren es noch 36 Prozent. Vor allem im mittelfristigen Vergleich mit dem Jahr 2005 zeigt sich, dass sich hier tatsächlich der Schwerpunkt der Gründungen herauszubilden scheint. Während es damals lediglich 187.000 Starts in diesem Bereich gab, waren es 2012 schon 303.000. „Die bemerkenswerte Zunahme von Gründern mit beratenden und erzieherischen Tätigkeiten zeigt, wie das Angebot auf die veränderte Nachfrage einer Wissensökonomie reagiert", sagt Dr. Zeuner. Damit entwickeln sich die Freien Berufe gegen den Rückwärtstrend. Der ist unter anderem einer Reihe von **Hemmnissen** geschuldet. Die Mehrjahresanalyse zeigt, dass die Angst vor der Bürokratie, die Sorge um die Belastungen für die eigene Familie sowie das mit der Selbständigkeit verbundene finanzielle Risiko von mehr Vollerwerbsgründern als vor fünf Jahre problematisch gesehen werden. Dies geht einher mit einem höheren Anteil von Gründern, die über Finanzierungsschwierigkeiten berichten – im Voll- und im Nebenerwerb. Dabei gilt: Je höher der Finanzierungsbedarf ist, desto wahrscheinlicher werden Finanzierungsschwierigkeiten. Was das Einkommen von Gründern betrifft, liegt es durchschnittlich etwas höher als bei Arbeitnehmern, angesichts ihrer hohen Wochenstundenzahl von etwa 48 Stunden ist ihr rechnerischer Stundenlohn aber oftmals sehr niedrig. Die Selbständigkeit zahlt sich dennoch für viele Gründer aus: Insgesamt hat sich für 42 Prozent der Gründer die Einkommenssituation ihres Haushaltsnettos verbessert. Nur 16 Prozent berichten von einer Verschlechterung.

2.2 Erste Schritte zur Orientierung

Wer den Gedanken an berufliche Selbstständigkeit ernsthaft erwägt, braucht zuallererst jede Menge **Informationen**. Die kann man sich im Internet etwa auf den Gründerseiten des Bundesministeriums für Wirtschaft und Technologie (BMWi) beschaffen, auf den Existenzgründerseiten der Länder wie des Hessischen Ministeriums für Wirtschaft, Verkehr und Landesentwicklung (www.existenzgruendung-hessen.de) oder des Bayerischen Staatsministeriums für Wirtschaft, Infrastruktur, Verkehr und Technologie (www.startup-in-bayern.de), bei der zuständigen Industrie- und Handelskammer oder auch auf den Seiten der KfW Mittelstandsbank.

> Web-Link
> Nähere Informationen unter: www.existenzgruendung-hessen.de und www.startup-in-bayern.de.

Auch Berufsverbände, Kammern und ähnliche Interessenvereinigungen bieten häufig Online-Informationen. Dort bekommt man auch gedrucktes Informationsmaterial oder kann persönliche Beratungstermine vereinbaren – je nachdem, welcher Typ man ist. Neben so grundlegenden Informationen zu Themen wie

- Businessplan,
- Finanzierung und Förderung,
- Recht und Steuern

sind hier auch spezielle Brancheninformationen erhältlich oder Tipps zum Weg durch den Behörden- und Anmeldungs-Dschungel.

Formen der Unternehmensgründung

Es gibt mehr Wege in die Selbstständigkeit als so mancher glaubt. Der klassische ist die **Neugründung**. Bei einer Neugründung startet man bei null, es bietet sich aber auch die einmalige Chance, ein Unternehmen nach den eigenen Vorstellungen aufzubauen. Gründliche Vorbereitung, eine überzeugende Geschäftsidee, ein durchdachter Businessplan und nicht zuletzt der Wille zum Erfolg sind dafür die wichtigsten Voraussetzungen.

Viele Probleme und Risiken können vermieden werden, wenn man ein fertiges Konzept kauft. Das System heißt **Franchising** und wird heute in vielen Branchen praktiziert. Beim Franchise-Verfahren liefert ein Unternehmen – der Franchise-Geber – Name, Marke, Know-how und Marketing. Gegen Gebühr räumt er dem Franchise-Nehmer das Recht ein, seine Waren und Dienstleistungen zu verkaufen. Er bietet dafür die Gewähr, dass kein anderer Franchise-Nehmer in seinem Gebiet einen Betrieb eröffnet. Nachteil: Ein Franchise-System legt die unternehmerische „Marschroute" sehr genau fest.

Bei einer **Unternehmensnachfolge** wird ein bestehendes und funktionierendes Unternehmen übernommen und weitergeführt. Geschäftsidee, Kunden und Lieferanten sind vorhanden, das Unternehmen ist am Markt etabliert, die Mitarbeiter sind eingearbeitet. Vom ersten Tag der Übernahme an kann Umsatz gemacht werden. Nachteil: Die Erwartungen an den neuen Chef sind hoch, ein langsames Hineinwachsen meist nicht möglich.

Teamgründungen sind bei jungen Leuten besonders beliebt, weil hier die Kompetenzen mehrerer Leute zum Tragen kommen und das Risiko auf mehrere Schultern verteilt wird. Zu viele Partner erschweren allerdings Entscheidungsprozesse.

Eine gute Möglichkeit mit vermindertem Risiko zu starten sind **Teilzeit- und Kleinstgründungen**. Üblicherweise sind die Gründer angestellt und haben noch andere Einnahmequellen, so dass die Neugründung nicht als Haupterwerb gewertet wird. Der Nebenerwerb muss mit dem Arbeitgeber abgestimmt sein und darf sich weder zeitlich noch inhaltlich mit dem Haupterwerb überschneiden.

Bin ich ein Unternehmer-Typ?

Über diese Frage muss im Vorfeld sehr ernsthaft nachgedacht und am besten mit anderen Menschen diskutiert werden. Neben sehr gutem fachlichem Wissen ist eine Reihe von Eigenschaften hilfreich, ohne die es wahrscheinlich sehr schwer fällt den hohen Anforderungen gerecht zu werden. Am besten ist es einen der Unternehmer-Tests zu absolvieren, die online etwa beim BMWi unter www.existenzgruender.de absolviert werden können. Folgende Eigenschaften sind unabdingbar:

- Ehrgeiz
- Einsatzbereitschaft
- Risikobereitschaft
- Belastbarkeit
- berufliche Qualifikationen
- Kreativität
- berufliche Erfahrung
- Verantwortungsbewusstsein
- Führungserfahrung
- familiäre Unterstützung

Nach einer Untersuchung der KfW Bankengruppe stehen die folgenden „Pleite-Ursachen" fast alle direkt oder indirekt mit der Gründer-Person in Verbindung:

- Finanzierungsmängel
- Informationsdefizite
- fehlende kaufmännische Kenntnisse
- Planungsmängel
- Familienprobleme
- Überschätzung der Leistungsfähigkeit des Betriebes

Gewerbe, Handwerk oder Freier Beruf?

Freie Berufe sind alle diejenigen, die zur Ausübung keine Gewerbeanmeldung benötigen. Eine einheitliche Definition gibt es nicht. Üblicherweise zählen zu den freien Berufen (Quelle: IHK Berlin):

- Ärzte
- Zahnärzte
- Rechtsanwälte
- Notare
- Patentanwälte
- Vermessungsingenieure
- Ingenieure
- Architekten
- Handelschemiker
- Wirtschaftsprüfer
- Steuerberater
- beratende Volks- und Betriebswirte
- vereidigte Buchprüfer (vereidigte Bücherrevisoren)
- Steuerbevollmächtigte
- Heilpraktiker
- Dentisten
- Krankengymnasten
- Journalisten
- Bildberichterstatter
- Dolmetscher
- Übersetzer
- Lotsen
- und ähnliche Berufe.

Gut unterschieden werden muss auch zwischen **Gewerbe- und Handwerksbetrieb**. Zum einen benötigen viele Gewerke einen Meister, um sich in die Handwerksrolle eintragen zu können. Ingenieure erfüllen meistens auch die Voraussetzungen dafür. Existenzgründer sollten sich vor Aufnahme einer handwerklichen Tätigkeit zudem genau informieren, ob diese Tätigkeit zulassungspflichtig, zulassungsfrei, handwerksähnlich oder möglicherweise überhaupt kein Handwerk, sondern ein Gewerbe aus dem Bereich Industrie, Handel oder Dienstleistung ist. Denn danach bestimmt sich am Ende auch, ob eine Zugehörigkeit zur Handwerkskammer, zur Industrie- und Handelskammer oder aber in Einzelfällen zu beiden Kammern (sog. Mischbetrieb) vorliegt.

2.3 Die Planung der Selbstständigkeit

Der Businessplan

Der Businessplan ist das Kernstück der Vorbereitung auf eine Unternehmensgründung. Er sollte selbst dann erstellt werden, wenn kein fremdes Geld benötigt wird. Er ist ein schriftliches, relativ umfassendes Unternehmenskonzept, das den Unternehmensgegenstand, die Produkte und relevanten Märkte sowie die Ziele und Strategien des Unternehmens prägnant und anschaulich beschreibt. Im Mittelpunkt der Betrachtung steht die **zukünftige Unternehmensentwicklung**. Sowohl die Potenziale als auch die Risiken müssen fester Bestandteil des Businessplans sein. Das Konzept sollte einen zeitlichen Horizont von drei bis fünf Jahren abdecken. Ohne einen professionell erstellten Businessplan sind erfolgreiche Verhandlungen mit Kapitalgebern kaum möglich. Sowohl den Inhalten und sprachlichen Formulierungen als auch der ansprechenden Aufbereitung und Gestaltung kommen daher höchste Bedeutung zu. Wer zum ersten Mal einen Businessplan erstellt, sollte sich Hilfe dafür sichern. In jedem Bundesland gibt es zahlreiche Stellen, die hier Unterstützung anbieten.

Beispiel Berlin:
- Online kann der Plan unter www.gruendungswerkstatt-berlin-brandenburg.de erarbeitet werden, bei Fragen hilft ein Tutor der IHK Berlin.
- Auf den Seiten des Businessplan-Wettbewerbs Berlin-Brandenburg (BPW) www.b-p-w.de findet sich umfängliches Informationsmaterial, darunter das Handbuch zum Businessplan zum kostenfreien Download.
- In Seminaren und Workshops kann man Wissen zur Gründung und zum Verfassen des Businessplans erwerben. In der Weiterbildungsdatenbank Berlin-Brandenburg auf www.wdb-berlin.de finden sich passende Angebote.
- Wer persönliche Hilfe benötigt, kann zur Beratersuche den Bundesverband der deutschen Unternehmensberater (www.bdu.de), die Steuerberaterkammer (www.stbk-**berlin**.de) oder auch die Beraterbörse der KfW (https://beraterboerse.kfw.de) nutzen.

Die Finanzierung des Vorhabens

Ebenfalls mehr als ein Augenmerk sollte auf die Finanzierung des Unternehmensstarts gelegt werden. In sehr vielen Fällen scheitern Gründungen, weil der finanzielle Rahmen zu eng kalkuliert wurde und Liquidität fehlt. Zunächst einmal muss sich jede Finanzierung immer am **Bedarf des Gründers und seines Vorhabens** orientieren. Folgende Fragen müssen geklärt werden:

- Handelt es sich um eine Kleingründung oder Nebenerwerbsgründung?
- Handelt es sich um eine Gründung im Handel oder im handwerklichen, industriell-gewerblichen oder im freiberuflichen Bereich?
- Kommt der Gründer aus der Forschung und will ein Hightech- oder Lifescience-Unternehmen gründen?
- Handelt es sich um eine Unternehmensnachfolge, bei der der Kaufpreis oder die Auszahlung an den bisherigen Eigentümer oder an die Erben mitfinanziert werden müssen?
- Soll das Unternehmen schnell wachsen und einen hohen Marktanteil in seinem Segment anstreben?
- Oder handelt es sich um eine freiberufliche Praxis, die nur langsam und in Maßen wachsen wird?

Die Höhe des Finanzbedarfs sollte weder zu knapp bemessen sein, um Durststrecken verkraften zu können, noch unnötige Anschaffungen beinhalten.

> **TIPP** Für den Start reicht es oft aus, nicht die allerneuesten, sondern gebrauchte oder gemietete Maschinen oder Büroausstattungen zu verwenden.

Trotz aller Einschränkung wird in vielen Fällen das **Eigenkapital** nicht ausreichen, um das Vorhaben komplett zu stemmen. Dann muss **Fremdkapital** beschafft werden, wofür allerdings in aller Regel ebenfalls der Einsatz eigener Mittel vorausgesetzt wird. Neben **öffentlichen Kapitalgebern**, also Bund und Länder, die vielseitige Programme zu günstigen Konditionen anbieten, um den besonderen Anforderungen von Existenzgründern und Unternehmern Rechnung zu tragen, bieten auch **Banken und Sparkassen** eigene Kredite für Existenzgründer an. Ein wichtiger Partner für kapitalintensive und schnell wachsende Unternehmen sind mittelständische Beteiligungsgesellschaften und privatwirtschaftliche Kapitalgeber: Venture Capital-Gesellschaften oder Business Angels. Auch stille Teilhaber kommen als Kapitalgeber in Frage.

Typische **Finanzierungsfehler** sind:

- zu wenig Eigenkapital
- keine rechtzeitigen Verhandlungen mit der Hausbank
- Verwendung des Kontokorrentkredits zur Finanzierung von Investitionen
- hohe Schulden bei Lieferanten
- mangelhafte Planung des Kapitalbedarfs
- öffentliche Finanzierungshilfen nicht beantragt bzw. deren Tilgung nicht berücksichtigt
- finanzielle Überlastung durch scheinbar günstige Kredite

Wichtiger staatlicher Finanzierungspartner ist die KfW. Auf www.kfw.de sind alle aktuellen Förderprogramme speziell für Gründer erklärt. Ein Online-Produktfinder unterstützt die Suche. Wer weitere Hilfe benötigt, kann telefonieren, eine Mail verschicken oder auch einen Beratungstermin bei bis zu drei potenziellen Finanzierungspartnern in der Umgebung des neuen Unternehmens stellen.

> Web-Link
> Nähere Informationen unter: www.kfw.de

Das **ERP-Kapital für Gründungen** fördert mit bis zu 500.000 Euro Kredit

- Investitionen
- Material- und Warenlager (in der Regel nur Erstausstattung)
- erste Messeteilnahme
- Kauf eines Unternehmens oder Unternehmensanteils

und ist derzeit für 0,85 Prozent Sollzins zu haben. 10 Prozent Eigenmittel sind erforderlich.

Der **ERP-Gründerkredit Startgeld** stellt bis zu 100.000 Euro Kredit bereit. Das Besondere: Da die KfW 80 Prozent des Kreditausfallrisikos von der Hausbank übernimmt, sind die Banken bei der Vergabe großzügig. Er ist ab 3,09 Prozent effektiver Jahreszins zu bekommen, Eigenmittel sind nicht erforderlich. Gefördert werden

- Investitionen
- Betriebsmittel (Mittel zur Gewährleistung des laufenden Betriebes)
- Kauf eines Unternehmens oder Unternehmensanteils

Wie beim ERP-Kapitel werden Existenzgründer (auch Freiberufler), Unternehmensnachfolger und junge Unternehmen bis zu drei Jahren ab Gründung gefördert.

Bis zu zehn Millionen Euro Kredit bietet der **ERP-Gründerkredit Universell** für die gleichen Zwecke wie **Startgeld**. Das Besondere: Er kann für Laufzeiten von bis zu 20 Jahre vereinbart werden und umfasst bis zu drei tilgungsfreie Anlaufjahre. Zudem ist er flexibel kombinierbar mit anderen Fördermitteln.

Das Bankgespräch

Um auf die unausbleiblichen Fragen des Bankberaters die richtigen Antworten zu haben, sollten lieber zu viele als zu wenige **Unterlagen** für das Gespräch vorbereitet werden. Wer sich vorher mit seinem Berater abstimmt, spart sich unnötige Arbeit. Vor allem wird der Businessplan eine Rolle spielen, bei Geschäftsübernahmen auch die Jahresabschlüsse der letzten drei Jahre, EKW-Abrechnung, Umsatz-, Kosten- und Ertragsplanung für das laufende und die kommenden ein bis drei Jahre, Liquiditätsplanung für die nächsten sechs bis zwölf Monate sowie die Investitions- und Kapitalbedarfsplanung. Ein zentrales Thema bei jeder Kreditverhandlung sind **Sicherheiten**. Wer selbst keine werthaltigen Sicherheiten stellen kann, hat die Möglichkeit einer Bürgschaft durch die Bürgschaftsbank des betreffenden Bundeslandes. Aber auch Sicherheiten in Form von Grundpfandrechten, Sicherungsübereignungen etwa von Fahrzeugen, Warenlägern u. ä. sowie Sicherungsabtretungen von Forderungen sind möglich.

> **TIPP** Was die Bank konkret bevorzugt, muss vorher abgeklärt werden.

Beim **Unternehmensrating** stellt die Bank fest, welche Risiken die Kreditvergabe für sie birgt und was diese kosten (würden). „Faustregel: Je besser also die Bonität eines Kunden ist und je mehr Sicherheiten vorhanden sind, desto geringer sind die Risikokosten für die Bank und ist damit in der Regel auch der Kreditzins", fasst der Bundesverband Deutscher Banken in seiner Broschüre „Rating" zusammen. Verantwortlich für den Ratingprozess ist nicht der Berater, sondern sind interne Stellen der Bank, die in ihrer Beurteilung strengen gesetzlichen Anforderungen genügen und die Größe des Unternehmens sowie die konkreten Bedingungen der Branche berücksichtigen müssen.

ACHTUNG Auch die Zuverlässigkeit und Seriosität des Antragstellers etwa bei der Bereitstellung der nötigen Informationen beeinflusst das Rating! Daher lohnt es sich hier sehr kooperativ und exakt zu sein.

>< Web-Link
Die Broschüre „Rating" kann unter www.bankenverband.de bei „Publikationen" heruntergeladen werden.

Fragen des Bankberaters, mit denen man rechnen muss
- Welches Unternehmensziel verfolgen Sie?
- Haben Sie ein Alleinstellungsmerkmal, füllen Sie eine Marktlücke?
- Wie gestalten sich die Zukunftstrends Ihres Absatzmarktes?
- Welche Absatzkanäle haben Sie, welches Marketing verfolgen Sie?
- Welches Forderungsmanagement betreiben Sie?
- In welcher Höhe wollen/müssen Sie investieren oder umstrukturieren?
- Wie hoch werden die laufenden Kosten sein?
- Welche Eigenmittel stehen zur Verfügung?
- An welche öffentlichen Kredite und an welche Bankkredite hatten Sie gedacht?
- Welche Sicherheiten stehen Ihnen frei zur Verfügung?
- Mit welchen Planergebnissen rechnen Sie und warum in dieser Höhe?

Versicherungen für Existenzgründer

Die richtige private und betriebliche Absicherung gehört zu den Pflichten jedes Unternehmensgründers. Grundsätzlich darf hier nicht an wichtigen Policen gespart werden, weil sich das katastrophal auf Unternehmen und Gründer auswirken kann. Privat sind – neben weiteren Privatpolicen wie der Privathaftpflichtversicherung – eine Krankenversicherung erforderlich. Falls man nicht in der gesetzlichen Kasse bleiben kann, eine Berufsunfähigkeits-Versicherung sowie wünschenswerterweise eine Krankentagegeldversicherung. Diese sind darauf ausgerichtet, die Arbeitskraft des Firmeninhabers zu erhalten, wiederherzustellen bzw. einzuspringen, wenn sie dauerhaft nicht wiederhergestellt werden kann. Auf weiteren Schnickschnack kann verzichtet werden. Die Absicherung des Betriebes hängt maßgeblich vom Unternehmen ab. Ein globaler Rat kann hier nicht gegeben werden. Man sollte aber unbedingt den Rat eines unabhängigen Vermittlers suchen, also eines Versicherungsmaklers oder eines Versicherungsberaters. Von Selfmade-Lösungen ist in den meisten Fällen ebenso abzuraten wie von Online-Abschlüssen oder einem Versicherungsvertreter, der nur die Produkte eines Unternehmens anbietet.

Lassen Sie sich beraten!

Beratung ist in allen Phasen der Gründung wünschenswert und erforderlich. Manches kann der Steuerberater abdecken, auch IHK und KfW stehen Gründern zur Seite. Manchmal aber ist auch eine professionelle Unternehmensberatung sinnvoll. Vorteil: Beratungsleistungen für Gründer werden auf vielfältige Art gefördert, so dass man sich vor finanziellen Hürden nicht fürchten muss. Folgende Formen gibt es:

- Förderung durch das **Amt für Wirtschaft und Ausfuhrkontrolle** (BAFA): Das Programm unterstützt die Förderung unternehmerischen Know-hows für kleine und mittlere Unternehmen sowie Freier Berufe durch Unternehmensberatungen. Mit dieser Beratungsförderung können Unternehmen sowie Angehörige der Freien Berufe, die seit mindestens einem Jahr am Markt tätig sind, einen Zuschuss von bis zu 1.500 Euro zu den Kosten erhalten, die ihnen durch die Inanspruchnahme einer Beratung entstehen (www.bafa.de).

- Das **Gründercoaching Deutschland** der KfW Bankengruppe übernimmt bei der Finanzierung eines Unternehmensberaters für bestimmte Coachingbereiche innerhalb der ersten fünf Jahre der Selbständigkeit bis zu 50 Prozent der Kosten (www.kfw.de).

- Der neue **Coaching Bonus** führt seit Anfang 2013 die vorherigen Coachingmöglichkeiten über das Technologie Coaching Center (TCC) für technologieorientierte, innovative Gründungen und Technologieunternehmen sowie über das Kreativ Coaching Center (KCC) für Gründer-Unternehmen in der Kreativwirtschaft zusammen (www.coachingbonus.de).

> Web-Link
> Nähere Informationen unter: www.bafa.de, www.kfw.de und www.coachingbonus.de.

2.4 Der Start in die Selbstständigkeit

Wer ein Unternehmen gründet, muss vorher eine Reihe von Behörden darüber informieren. Für Gewerbebetriebe (siehe Abschnitt „Gewerbe, Handwerk oder Freier Beruf?") ist dies an erster Stelle das **Wirtschafts- oder Gewerbeamt** der Gemeinde, in dem sich das Unternehmen befindet. Eine Gewerbeanmeldung müssen auch nebenberuflich Selbstständige vornehmen. Keine Gewerbeanmeldung benötigen Freie Berufe (siehe Abschnitt „Gewerbe, Handwerk oder Freier Beruf?") sowie Betriebe der Land- und Forstwirtschaft.

Durch die Gewerbeanmeldung werden folgende Stellen automatisch informiert:

- das Finanzamt
- die Berufsgenossenschaft
- das Statistische Landesamt
- die Handwerkskammer (bei Handwerkstätigkeiten)
- die Industrie- und Handelskammer
- das Handelsregistergericht (bei Rechtsformen, die im Handelsregister eingetragen werden)

Dennoch sollte man bei einigen dieser Stellen auch selbst nachfragen, ob alles seinen Gang geht. Vor allem mit dem Finanzamt ist nicht zu spaßen.

> **TIPP** Bei der Höhe der zu erwartenden Einkünfte, die angegeben werden müssen, sollte man eher vorsichtig sein, da damit die Einkommens- und Gewerbesteuer errechnet wird. Fällt sie zu hoch aus, kann das die angespannte Finanzlage noch verschärfen.

Bei der **Berufsgenossenschaft** müssen Mitarbeiter angemeldet werden, auch der Chef ist hier oft unfallversichert. Wenn nicht, kann man sich freiwillig versichern, was unbedingt angeraten ist. Wer Arbeitnehmer beschäftigt, benötigt eine Betriebsnummer vom Betriebsnummern-Service der **Bundesagentur für Arbeit** in Saarbrücken. Die Betriebsnummer ist in die Versicherungsnachweise Ihrer Arbeitnehmer einzutragen. Schließlich müssen die Mitarbeiter bei ihrer **Krankenkasse** angemeldet werden, damit die Beitragsabführung überwacht und abgeführte Beiträge dem einzelnen Versicherten zugeordnet werden können.

2.5 Existenzgründung aus der Arbeitslosigkeit heraus

Wer arbeitslos ist und ein Unternehmen gründen möchte, kann staatliche Hilfen in Anspruch nehmen.

ACHTUNG Die Existenzgründung wegen Arbeitslosigkeit ist nur der zweitbeste Weg. Nur wenn alle anderen Voraussetzungen erfüllt sind und die Motivation stimmt, stellt sich auch der Erfolg ein.

Die Arbeitsagentur kann zur Sicherung des Lebensunterhalts und zur sozialen Sicherung in der Zeit nach der Existenzgründung einen Gründungszuschuss gewähren, ein Rechtsanspruch darauf besteht nicht. Wer Geld bekommen möchte, muss sich mindestens 15 Stunden pro Woche der Selbstständigkeit widmen. Außerdem müssen die notwendigen Kenntnisse und Fähigkeiten zur Ausübung der selbständigen Tätigkeit dargelegt werden. Die Tragfähigkeit der Existenzgründung ist der Agentur für Arbeit in Form von Stellungnahmen einer IHK, Handwerkskammer, berufsständischen Kammer, eines Fachverbandes oder eines Kreditinstituts nachzuweisen. Der **Gründungszuschuss** wird in zwei Phasen geleistet. Für sechs Monate gibt es Geld in Höhe des zuletzt bezogenen Arbeitslosengeldes zur Sicherung des Lebensunterhalts und 300 Euro zur sozialen Absicherung. Für weitere neun Monate können 300 Euro monatlich gezahlt werden, wenn eine intensive Geschäftstätigkeit und hauptberufliche unternehmerische Aktivitäten dargelegt werden.

> **TIPP** Auch vom Gründercoaching Deutschland können Arbeitslose profitieren: Eine Fördervariante sieht vor, dass ehemals Arbeitslose innerhalb von einem Jahr nach Existenzgründung die Förderungen in Anspruch nehmen können, wenn sie einen Unternehmensberater konsultieren wollen. Die Zuschusshöhe zu den Beratungskosten beträgt 90 Prozent.

2.6 Checklisten und Entscheidungshilfen

Schritt 1: Die Entscheidung

Sind Sie ein Unternehmertyp?

Eine Reihe von einfachen Testfragen hilft Ihnen, in dieser Frage mehr Sicherheit zu gewinnen:

- Ist die Selbständigkeit wirklich der richtige Weg für Sie?
- Sind Sie fachlich qualifiziert?
- Haben Sie Erfahrungen in der Branche?
- Verfügen Sie über kaufmännisches Know-how?
- Steht Ihre Familie hinter Ihnen?
- Stehen Sie die Belastungen während der Startphase – und auch später – durch?

Lassen Sie sich beraten und gleichen Sie Schwächen aus.

- Besuchen Sie ein Gründungsseminar Ihrer Kammer oder Ihres Verbandes. Lassen Sie sich anschließend von einem Berater der Kammer oder des Verbandes, von einem freien Unternehmensberater oder anderen kompetenten Fachleuten helfen.

Klären Sie:

- Zu welchen Fragen brauchen Sie Beratung?
- Wer kann Ihnen je nach Fragestellung weiterhelfen?
- Was sollten Sie beim Abschluss von Beraterverträgen beachten?
- Informieren Sie sich über die Beratungsförderung des Bundes.

Schritt 2: Die Planung

Arbeiten Sie Ihre Geschäftsidee aus.

- Überlegen Sie, mit welchem Angebot Sie auf den Markt gehen möchten. Lernen Sie Ihre zukünftigen Kunden, ihre Bedürfnisse, ihre Neigungen, ihr Kaufverhalten kennen. Finden Sie möglichst etwas Besonderes, was die Konkurrenz bisher übersehen hat.

- Verschaffen Sie sich dafür auch einen Überblick über die Konkurrenzsituation, vor allem auch an dem Standort, den Sie wählen.

- Wollen Sie sich selbständig machen, haben aber noch keine zündende Geschäftsidee? Dann kommt für Sie vielleicht ein Franchiseunternehmen in Frage, das Sie als Lizenzunternehmer führen können.

- Oder Sie übernehmen ein bestehendes Unternehmen. Unternehmensnachfolger sind in jeder Branche und für jede Unternehmensgröße gefragt.

Schreiben Sie Ihren Businessplan.

- Erklären Sie Ihre Geschäftsidee bzw. Ihr Vorhaben.
- Stellen Sie die Gründerperson/-en dar.
- Beschreiben Sie Ihr Produkt bzw. Ihre Dienstleistung.
- Beschreiben Sie Ihre Kunden.
- Beschreiben Sie Ihre Konkurrenten.
- Beschreiben Sie Ihren Standort.
- Welche Lieferanten wollen Sie nutzen?
- Erläutern Sie Ihre Personalplanung.
- Zu welchem Preis wollen Sie Ihr Produkt bzw. Ihre Dienstleistung verkaufen?
- Welche Vertriebspartner werden Sie nutzen?
- Welche Kommunikations- und Werbemaßnahmen wollen Sie ergreifen?
- Welche Rechtsform haben Sie gewählt?
- Welche Chancen und Risiken hat Ihr Vorhaben?
- Wie hoch ist der Kapitalbedarf? Wie können Sie diesen Kapitalbedarf decken?

Denken Sie an Ihre persönliche Absicherung und die Ihrer Familie.

- Für beruflich Selbständige gibt es verschiedene Möglichkeiten, für Alter, Krankheit und Todesfall vorzusorgen.

- Wichtig ist, die Entscheidung für geeignete Versicherungen und Maßnahmen nicht auf die lange Bank zu schieben, sondern sich schon während des Gründungsprozesses beraten zu lassen.

Schritt 3: Der Finanzplan

Kalkulieren Sie das benötigte Startkapital.
- Wie groß ist Ihr Kapitalbedarf für die Gründung und die Startphase?
- Machen Sie eine Aufstellung aller kurz- und längerfristig relevanten Kostenpositionen.

Kalkulieren Sie Ihren Verdienst.
- Überlegen Sie, ob sich die Gründung einer selbständigen Existenz für Sie auszahlt.
- Lohnt sich der Aufwand?

Ermitteln Sie alle möglichen Finanzquellen.
- Wie viel Geld steht Ihnen selbst zur Verfügung? Wer könnte Ihnen privat Geld leihen?
- Wer würde sich an Ihrem Unternehmen beteiligen?
- Prüfen Sie die Angebote der Kreditinstitute und die vielfältigen Förderprogramme des Bundes, der Bundesländer und auch der Europäischen Union.

Schritt 4: Das Unternehmen

Erledigen Sie alle notwendigen Formalitäten.
- Bedenken Sie die Anforderungen von Behörden, Kammern, Berufsverbänden etc.
- Erkundigen Sie sich, für welche Vorhaben besondere Voraussetzungen und Nachweise, behördliche Zulassungen oder Genehmigungen erforderlich sind.

Sorgen Sie für das Finanzamt vor.
- Stellen Sie sich von Anfang an auf Ihre Pflichten gegenüber dem Finanzamt ein.

Denken Sie an die Risikovorsorge im Unternehmen.
- Kümmern Sie sich um ausreichende und geeignete Versicherungen für Ihr Unternehmen.
- Verschließen Sie nicht die Augen vor möglichen Risiken und Gefahren, sondern sorgen Sie mit den richtigen Maßnahmen vor.

Lassen Sie sich auch nach der Eröffnung weiter beraten.
- Nach dem Unternehmensstart kommen neue Aufgaben auf Sie zu. Lassen Sie sich vor allem zu finanziellen Belangen weiterberaten.
- Engagieren Sie im Zweifelsfall einen Unternehmensberater und nutzen Sie dafür entsprechende Fördermaßnahmen.

Quelle: „Roter Faden" für die Gründungsplanung des BMWi

> **TIPP** Informationen unter Existenzgründerportal des BMWi: www.existenzgruender.de

Über die Autoren

Dunja Reulein

studierte Betriebswirtschaftslehre (Abschluss Diplom-Kauffrau) in Erlangen-Nürnberg mit den Schwerpunkten Marketing, Auslandswissenschaft Englisch und Betriebs- und Wirtschaftspsychologie, danach Ausbildung zur Fachzeitschriftenredakteurin. Seit 14 Jahren ist sie für die unterschiedlichsten Verlage und Autoren als freiberufliche Lektorin tätig. Telefon: 089/74790531, E-Mail: dunjareulein@t-online.de.

Elke Pohl

startete ihre berufliche Karriere nach dem Journalistikstudium bei der Berliner Tageszeitung *Junge Welt*, wechselte dann als Redakteurin in die Lokalredaktion Bernau der heutigen *Märkischen Oderzeitung* und nach einigen Jahren in den damaligen Berliner Verlag Die Wirtschaft (heute Huss-Verlag). 1990 entstand das erste Ratgeberbuch *Rückkehr in den Beruf*. Nach einigen Jahren Presse- und Marketingtätigkeit – u. a. bei der Allianz Versicherung in Berlin – wechselte sie 1999 in die berufliche Selbstständigkeit mit den Schwerpunkt-Themen Beruf und Karriere sowie Verbraucherrecht. Seitdem verfasste sie etwa 25 Ratgeberbücher für verschiedene renommierte Verlage, arbeitete unter anderem regelmäßig an mehreren Hochschulmagazinen und am Internetportal www.studienwahl.de mit. Homepage: www.elke-pohl-medienservice.de

The manufacturer's authorised representative in the EU is Springer Nature Customer Service Centre GmbH, Europaplatz 3, 69115 Heidelberg, Germany. If you have any concerns regarding our products, please contact ProductSafety@springernature.com

Printed and bound by CPI Group (UK) Ltd, Croydon, CR0 4YY
23/03/2026
02076457-0009